eビジネス新書

No.381

週刊東洋経済

医療テック最前線

週刊東洋経済 eビジネス新書　No.381

医療テック最前線

本書は、東洋経済新報社刊『週刊東洋経済』２０２１年4月１７日号より抜粋、加筆修正のうえ制作しています。情報は底本編集当時のものです。（標準読了時間　９０分）

医療テック最前線　目次

コロナ禍でマネー流入加速

沸騰する医療テック市場

「米国で10年以上投資を続けているが、この1年は過去にないほどの盛り上がりを感じている」。こう語るのは、デジタルヘルス領域専門のベンチャーキャピタル（VC）、キッカーベンチャーズの清峰正志CEO。米シリコンバレーを拠点に投資活動を続けてきた清峰氏は、医療ベンチャー投資の活況を肌で感じている。

その勢いはもちろん、統計でも裏付けられている。医療ベンチャーの調達額はこの10年間で5倍に膨張。2020年には過去最高額の465億ドルに達した。全セクターの中でも医療関連は3割と、存在感を放っている。

実は、2019年時点では医療ベンチャー投資の先行きは怪しいとみられていたという。それまでの数年間IPO（新規株式公開）が少なかったこともあり「過熱感が警戒され、投資意欲には一服感が出始めていた」（国内中堅VCのコーラル・キャピタルで医療領域を担当する吉澤美弥子氏）。

投資マネー流入が続いている

海外

グローバルの調達額は10年で5倍に —医療関連ベンチャーの調達額—

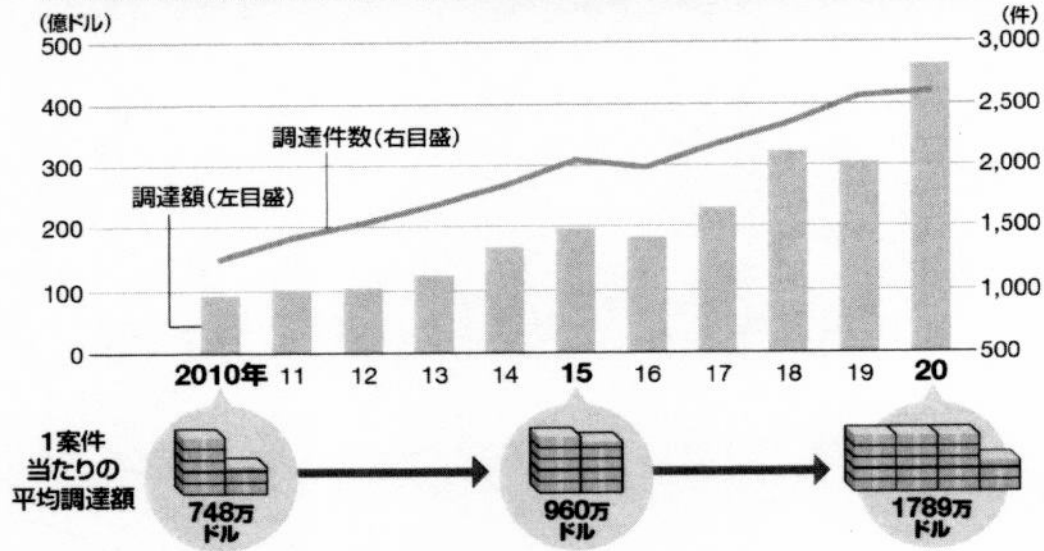

(注)製薬・バイオ、ヘルスケアサービス・システム、ヘルスケアデバイスの合計
(出所)PitchBook-NVCA Venture Monitor

国内

国内投資家も医療ベンチャーに注目 —国内医療関連ファンドの総額推移—

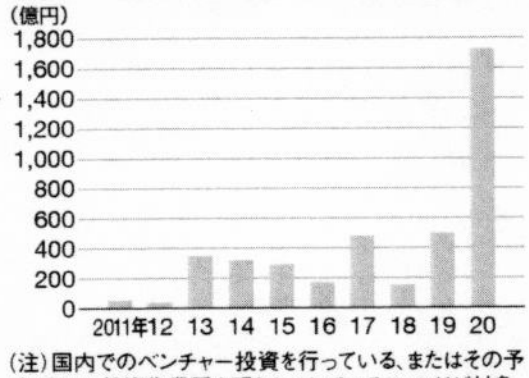

(注)国内でのベンチャー投資を行っている、またはその予定があり、投資先業種を明らかにしているファンドが対象
(出所)INITIAL「Japan Startup Finance 2020」(2021年1月25日時点)

投資の3割が医療関連 —ベンチャー投資のセクター内訳—

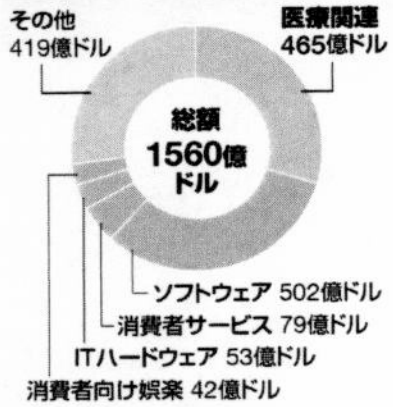

(注)2020年。医療関連は製薬・バイオ、ヘルスケアサービス・システム、ヘルスケアデバイスの合計　(出所)PitchBook-NVCA Venture Monitor

アナログな巨大医療市場

投資家が再び医療テックに注目する流れに火をつけたのは、皮肉にも新型コロナウイルスのパンデミックだった。オンライン医療を筆頭に、医療のデジタル化が一気に進み始めた。「医療領域は産業規模が巨大なのに、政府部門の次にデジタル化が進んでいないアナログ産業だった」(前出の清峰氏)。

医療領域でとくに技術革新の中心になっているのは、「オンライン医療」に「ＡＩ」「ゲノム分析」「再生医療」を加えた4領域だ。生体情報など膨大なデータを扱う医療においてＡＩ活用の余地は大きい。デジタル領域だけではなく、創薬の領域でも技術革新は進む。

対象疾患が難病にシフトする中、再生医療でとがった技術を持ったバイオベンチャーと製薬大手との提携や買収は日常茶飯事だ。患者個人のゲノム分析によって、より患者に合った治療を行おうという動きも盛んになっている。

医療テック企業の最前線では何が起きているのかを追った。

(石阪友貴)

マネーが集まる4つの注目トレンド

AI

創薬支援やデータ解析などのサービスの基盤に

関連ベンチャーの調達額

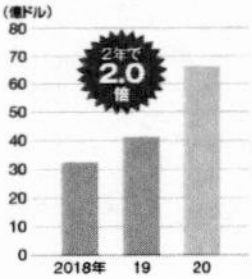

代表企業

Tempus
テンプス

企業評価額：50億ドル

ゲノム情報をAIで分析、患者に個別化したがん治療を提案

Babylon Health
バビロンヘルス

企業評価額：20億ドル

アプリに症状を入力すると、AIチャットボットが症状を分析

ゲノム分析

ゲノムやタンパク質など、「オミックス」(生体分子)の解析費用が低下

関連ベンチャーの調達額

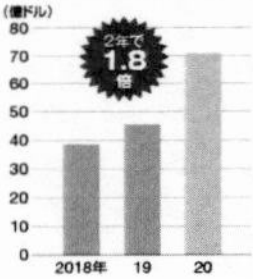

代表企業

23andMe
23アンドミー

企業評価額：25億ドル

消費者向け遺伝子検査で世界最大手

GRAIL
グレイル

企業評価額：ー

スピンアウト元の米イルミナに80億ドルで買収される予定。血液検査でがんの発見など

オンライン医療

新型コロナのパンデミックにより規制緩和が進み脚光

関連ベンチャーの調達額

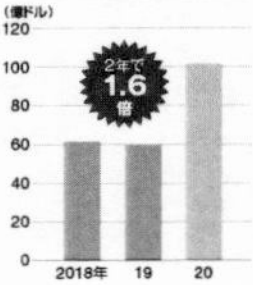

代表企業

WeDoctor
微医(ウィードクター)

企業評価額：55億ドル

中国IT大手テンセント傘下の遠隔医療プラットフォーム

Teladoc
テラドック

時価総額：約270億ドル

米国のオンライン診療大手。同業の米リボンゴを約2兆円で買収すると発表

再生医療

創薬対象が患者数の少ない難病にシフト、細胞治療・遺伝子治療が勃興

関連ベンチャーの調達額

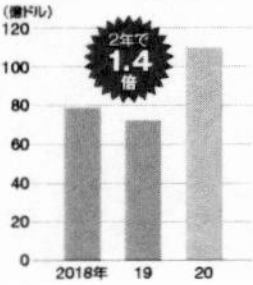

代表企業

samumed
サムメッド

企業評価額：120億ドル

幹細胞に働きかける創薬技術で加齢性疾患薬を開発

Lyell
ライエル

企業評価額：12億ドル

細胞医療を用いたがん免疫薬を開発

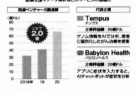

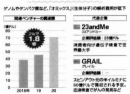

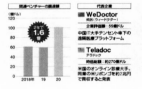

ＩＴの巨人が医療を狙う理由

グーグル、アップル、アマゾンという米国の巨大ＩＴ企業が、次の有望市場として熱い視線を送るのが医療分野だ。医療データは活用の余地が大きく金脈が眠る。グーグルは検索やＡＩ（人工知能）、アップルはハードウェア、アマゾンはネット通販（ＥＣ）という本業でのノウハウや顧客基盤をテコに、新規事業を進めている。

取り組みが最も広範なのはグーグルだ。２０１９年に新部門「グーグルヘルス」が設立され、社内の医療関連事業が集約された。数百人の医師や医療関係者を抱え、さながら医療のメガベンチャーのごとく、ＡＩによる疾病の画像診断や、電子カルテの開発、新型コロナウイルスに関するデータベースの整備などを手がける。

「これらはすべて医師が求めていること。ソフトウェアやデータが医師の目、耳、脳の能力を拡張する」。感染症学が専門の医師でチーフ・ヘルス・オフィサー（最高医療健康責任者）を務めるカレン・デサルボ氏はそう話す。

グーグルと同じく持ち株会社アルファベットの傘下にあるのが、15年に設立されたデジタル医療を専業とするベリリーだ。医療機器の開発から、データを活用した治療法の考案、1万人規模の健康状態を追跡する臨床研究まで、事業はグーグル同様幅広い。

世界中の製薬会社と提携しているのも特徴で、仏サノフィとの合弁会社オンデュオで糖尿病のデジタル治療を展開し、スイスのアルコンとは老眼用のスマートコンタクトレンズを開発中。日本企業では、独自のウェアラブル端末「スタディウォッチ」を活用して武田薬品工業とパーキンソン病の研究を行うほか、参天製薬と次世代眼科デバイスの開発を進める。

データの活用で大きく変わるのが保険だ。19年にはオンデュオと加マニュライフ・ファイナンシャルの米子会社が提携し、糖尿病患者が対象の保険商品の販売を始めた。血糖値の測定機器を提供し、推移に応じて保険料の割引などが受けられる。さらに20年にはスイスの再保険会社との合弁事業も立ち上げられた。

裾野は広がるものの、収益化できている事業はまだない。ベリリーを含むアルファベットの新規事業部門は、2020年には約45億ドルの営業赤字だった。ヘルスケア業界に詳しいデロイト トーマツ グループの柳本岳史パートナーは、「多種多様なヘルスケアデータの収集や提携でビジネスを模索しており、事業会社というより研究機関のような印象」と指摘する。

広範なデータ収集に対する批判も少なくない。グーグルは19年に、全米に2600の病院を持つ米非営利医療団体アセンションと提携し、患者のデータを収集して医療サービスを改善するプロジェクトを発表。だが医師や患者に知らされないまま、グーグルの従業員が数千万人のデータにアクセス可能だった、と米紙ウォールストリート・ジャーナルが報じた。報道を受け米保健福祉省はグーグルに聞き取り調査を実施。両者は連邦法に準拠しデータを安全に管理していると強調した。

このプロジェクトからは、病院内の異なるシステムに散らばる患者データを検索し一覧表示できる電子カルテ「ケアスタジオ」が生まれた。データあるところにグーグルあり、との野望が透けて見える。

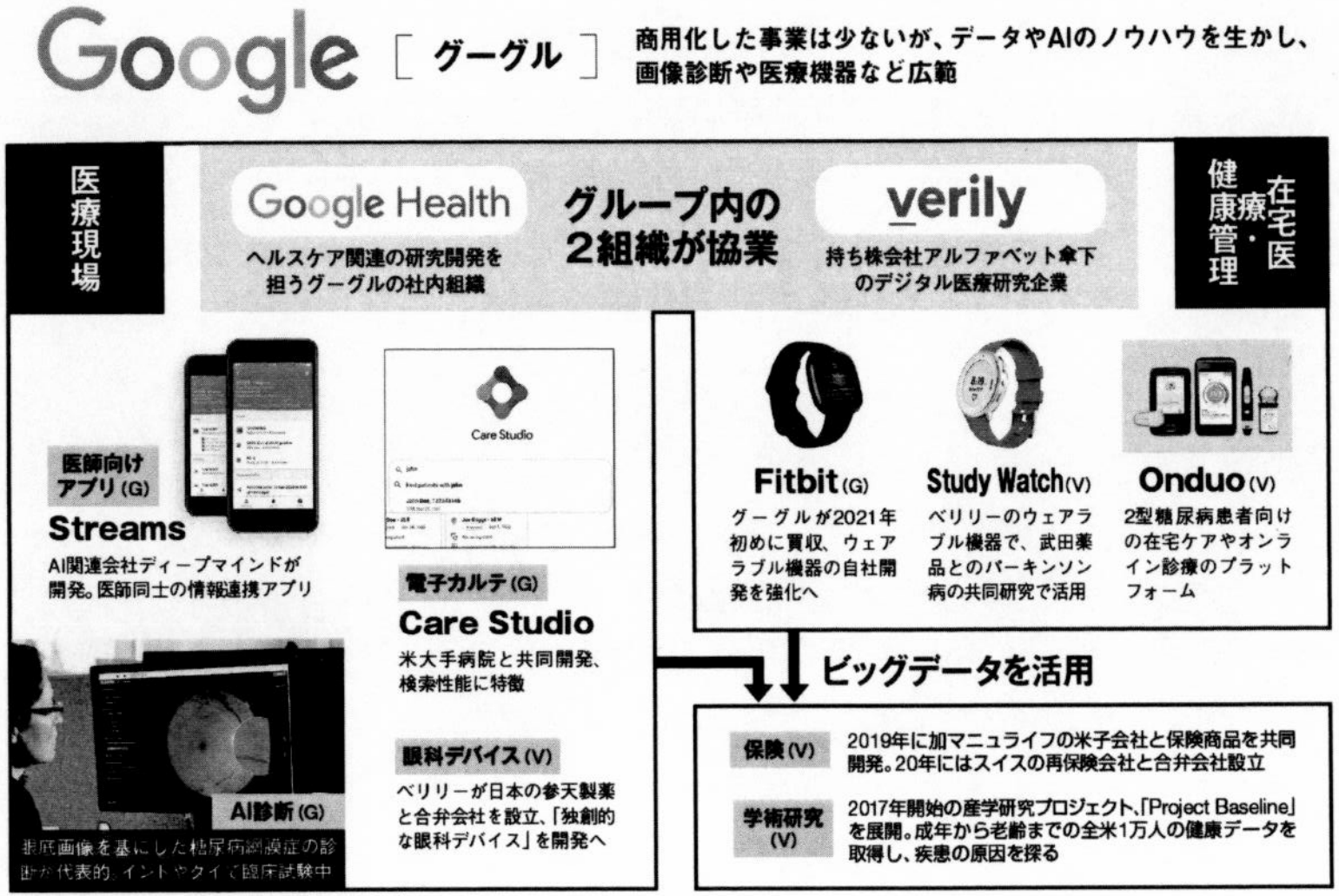

(注)Gはグーグル、Vはベリリーが手がける事業

アップルは日本で加速

厚生労働省は2021年1月、アップルのiPhoneとウェアラブル端末「アップルウォッチ」の心電図アプリを家庭用医療機器として認可した。ウォッチを装着していないほうの手の指をつまみの部分に当てると回路が機能し、心臓を通る電気信号を記録する。30秒ほどで心房細動（不整脈の一種）の兆候があるかどうかがわかる。米国では18年末にすでに提供が始まっていた。

さらに20年発表したウォッチの最新機種では、背面の赤外線センサーなどを活用し、15秒ほどで血中酸素濃度を測定する機能をつけた。日常での呼吸器や心臓の状態を把握できるようになる。

「アップルがもたらした人類に対する最大の貢献はヘルスケア分野だろう」。ティム・クックCEOはそう繰り返し語っている。

アップルが本業とするハードウェアは、人間のあらゆるデータを計測できる。ウォッチで取得した健康データはiPhoneの「ヘルスケア」アプリに記録される。

北米や英国では病院の電子カルテから、自分の診療データをこのアプリに格納することもできる。

こうして蓄積されたデータはさまざまな形で活用可能だ。普及が進むオンライン診療ではビデオ通話に加え、医師はアップルウォッチなどから得たデータを見ることもできる。住友生命保険などが展開する「健康増進型保険」と呼ばれる生命保険商品では、運動量に応じてポイント還元や保険料の割引を受けられる。

今アップルが注力するのが、こうしたデータを活用した学術研究だ。アップルは15年から医学研究者向けに、臨床研究でデータ収集するためのアプリ開発ツール「リサーチキット」を提供している。

日本では慶応大学病院が2月にアップルウォッチを使った臨床研究を行うと発表。心房細動患者を対象に、心電図などのさまざまなデータからどのようなときに不整脈になりやすいかを推定するアルゴリズムを構築する。また、全国のアップルウォッチユーザーを対象にした研究も行い、大規模なデータベースを構築し、生活習慣と動悸との関係性などを探る。

［アップル］ 自社のデバイス・サービスを軸に、個人の健康・医療データを活用するプラットフォームを構築

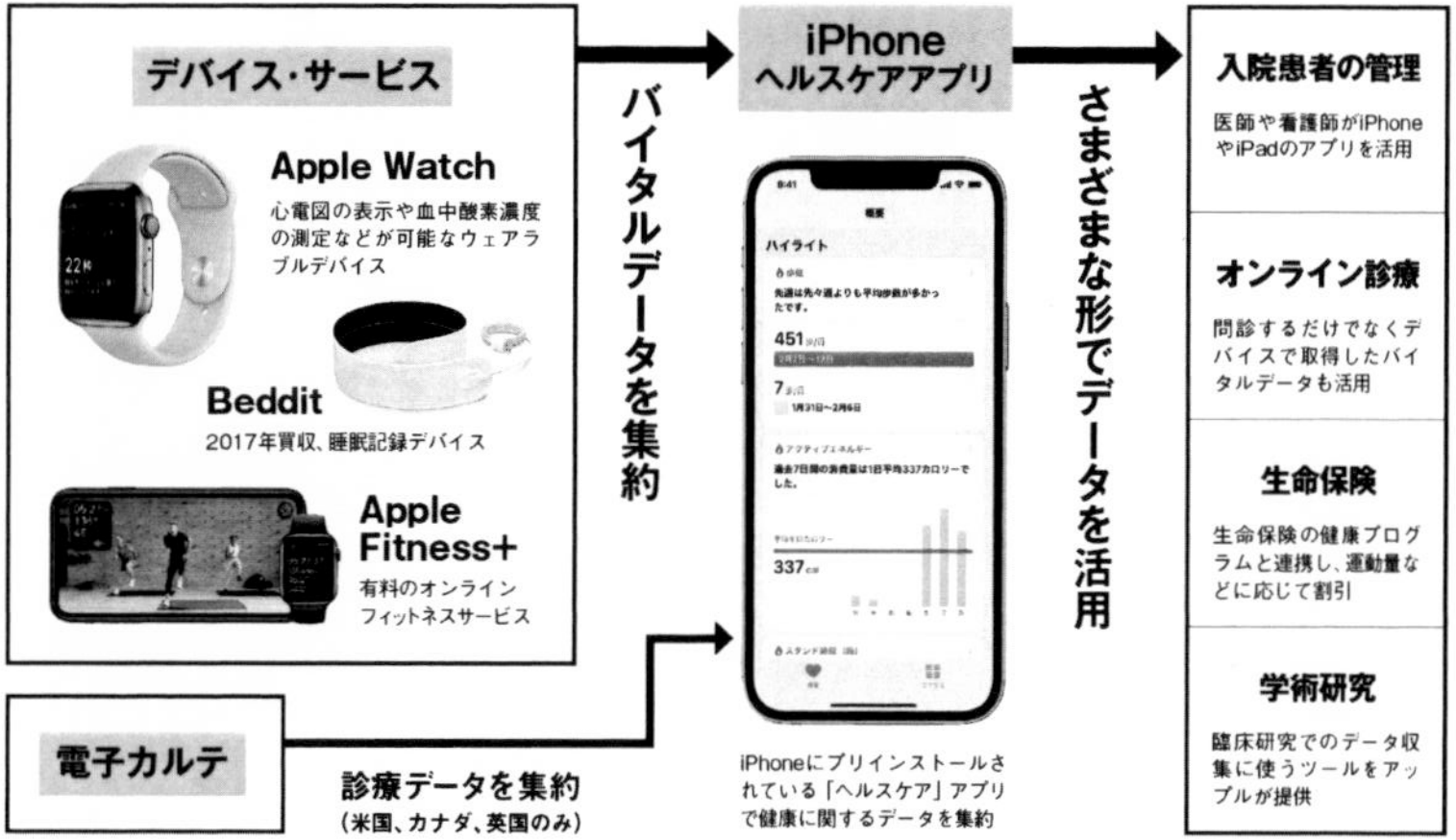
デバイス・サービス
Apple Watch
心電図の表示や血中酸素濃度の測定などが可能なウェアラブルデバイス
Beddit
2017年買収、睡眠記録デバイス
Apple Fitness+
有料のオンラインフィットネスサービス
バイタルデータを集約
電子カルテ
診療データを集約
(米国、カナダ、英国のみ)
iPhone
ヘルスケアアプリ
iPhoneにプリインストールされている「ヘルスケア」アプリで健康に関するデータを集約
さまざまな形でデータを活用
入院患者の管理
医師や看護師がiPhoneやiPadのアプリを活用
オンライン診療
問診するだけでなくデバイスで取得したバイタルデータも活用
生命保険
生命保険の健康プログラムと連携し、運動量などに応じて割引
学術研究
臨床研究でのデータ収集に使うツールをアップルが提供

「アマゾン薬局」が誕生

ヘルスケアの領域で大きく歩みを進めるのは、アマゾンも同様だ。同社は2019年9月から本社のある米ワシントン州限定で従業員向けにオンライン診療サービス「アマゾンケア」を提供してきたが、21年3月に大幅な事業拡大の計画を発表した。3月からワシントン州のほかの企業への提供を始め、同年夏にはこれを全米に広げる。

アマゾンケアの専用アプリを開くと、症状に関するいくつかの質問がなされる。症状のレベルに応じて、60秒以内に医師とのチャットやビデオ通話が始まる。これは24時間対応だ。血液検査など対面のやり取りが必要な場合は、自宅への訪問診療も行う。さらに処方薬の高速配送も提供する。アマゾンはこのサービスのために専属の医師や看護師を採用している。

実際に利用したアマゾン社員によれば、午前2時に3歳の娘が激しいせきで目覚めた際、新型コロナウイルスの感染を疑ったため救急搬送は避けた。そこでアマゾンケアで医師に薬を処方してもらい、朝9時には届いたという。

アマゾンが医療への関心をあらわにしたのは18年1月。米金融大手JPモルガン・チェース、米投資会社バークシャー・ハサウェイとの従業員向けヘルスケアサービス合弁会社の立ち上げを突如発表したときだ。ただ合弁事業はうまく進まずすでに閉鎖。アマゾンケアはこれが源流だとみられる。

同じ18年の2月には一般用医薬品のプライベートブランド「ベーシックケア」を立ち上げ、6月にオンライン薬局のピルパックを7・5億ドルで買収。本業のECとのシナジーを出そうと動き始めた。

こうした動きが結実したのが、20年11月に発表したオンライン調剤薬局の「アマゾンファーマシー」だ。ピルパックは慢性疾患の患者に対象を限っていたが、それ以外の疾患にも対象を広げた形だ。有料サービス「プライム」の会員は処方薬が無料で2日以内に配送されるうえ、全米5万店の薬局で医薬品の割引が受けられる。

「これからの医療で重要なのは物流になる。患者が欲するのは病気を治すこと。医師は診断まではできるが、さまざまなデータをいくら取っても、結局は薬が必要だ」。米IT大手のヘルスケアビジネスに詳しいデジタルハリウッド大学大学院客員教授の加藤浩晃医師はそう指摘する。

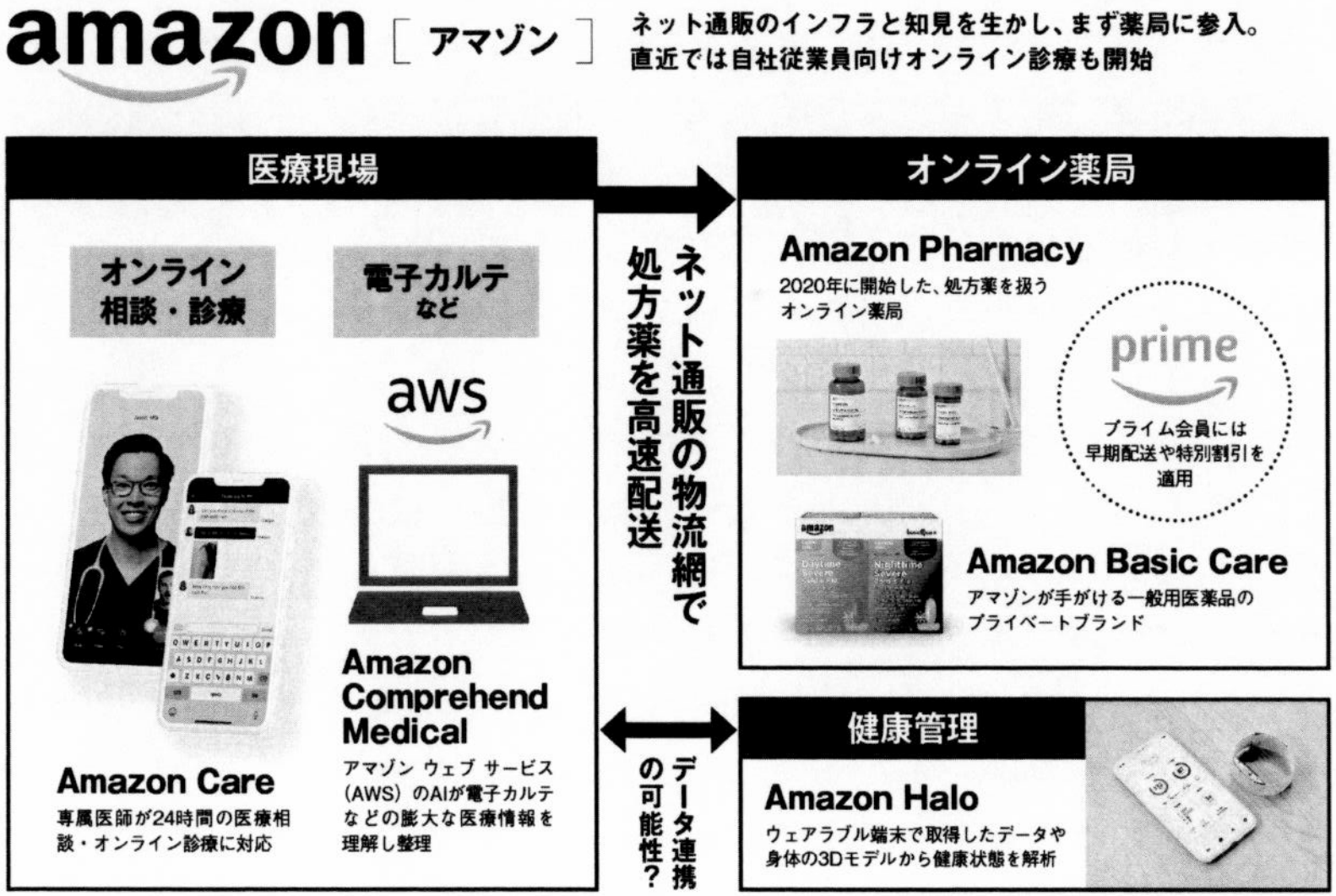
amazon [アマゾン]
ネット通販のインフラと知見を生かし、まず薬局に参入。
直近では自社従業員向けオンライン診療も開始
医療現場
オンライン
相談・診療
電子カルテ
など
aws
Amazon Care
専属医師が24時間の医療相談・オンライン診療に対応
Amazon Comprehend Medical
アマゾン ウェブ サービス（AWS）のAIが電子カルテなどの膨大な医療情報を理解し整理
ネット通販の物流網で
処方薬を高速配送
データ連携
の可能性？
オンライン薬局
Amazon Pharmacy
2020年に開始した、処方薬を扱うオンライン薬局
prime
プライム会員には
早期配送や特別割引を
適用
Amazon Basic Care
アマゾンが手がける一般用医薬品のプライベートブランド
健康管理
Amazon Halo
ウェアラブル端末で取得したデータや身体の3Dモデルから健康状態を解析

中国勢も追いかける

医療テックで先を行くのは米国勢だけではない。中国ではコロナ禍でオンライン診療が急速に広がった。そのうえ大病院と中小病院の医療格差や僻地での医師不足など、医療での課題が多い。そんな中、中国のＩＴ大手各社はヘルスケア事業に力を注ぐ。オンライン診療で先行するのが、平安好医生（ピンアン・グッド・ドクター）だ。ソフトバンク・ビジョン・ファンドが出資していたことで知られる（現在は全株売却済み）。登録ユーザーは3億7000万人を超え、毎日90万件以上の診察が行われている。

ＥＣ最大手のアリババグループと2番手の京東は、阿里健康（アリヘルス）と京東健康（ＪＤヘルス）という子会社を持つ。医薬品のネット販売が売上高の大半を占め、上場する両子会社は時価総額が3兆円を超えた。

今後の動向に注目が集まるのは、コミュニケーションアプリ「ＷｅＣｈａｔ（ウィーチャット）」のテンセントが出資する「微医（ウィードクター）」だ。時間の空いた医師を通院困難な患者とネットでつなぐモデルで、登録する医師は約30万人。ウィーチャットのユーザー基盤もあるため成長期待が大きく、21年中に上場するとの観測もある。AI診断や保険、医療クラウドなども手がけている。

中国のIT大手に詳しいNTTデータ経営研究所の岡野寿彦氏は、「中国のネットユーザー数が頭打ちになり、アリババやテンセントは消費者向けビジネスから既存産業のデジタル化に舵を切っている。中でも医療は重点領域だ」としたうえで、「医療とAIの両方の知識を持っている人材が少ないのが課題だ」と話す。

米中ITの巨人は医療テックビジネスに潤沢なお金と人をつぎ込んでいる。プラットフォーマーはどこまで攻め込むのか。一挙手一投足への注目は高まるばかりだ。

（中川雅博）

バイオ・医療　有望ベンチャー21社

世界初の禁煙治療アプリ（キュア・アップ）

【設立】２０１４年７月【資本金】１億円【社員数】１３０人

たばこをやめられない人に朗報――。キュア・アップ（CureApp）のニコチン依存症治療アプリ「CureAppSC」とCOチェッカーが、２０２０年１２月に薬事承認を得て発売された。禁煙のためのデジタル療法として世界初の製品だ。

禁煙外来の治療成功確率は実はあまり高くない。禁煙治療期間の１２週で受診は5回のみ。医師の指導を受けられない期間に脱落してしまう人は多い。ニコチン依存症は精神疾患と考えられ、自力での離脱は非常に難しいとされる。禁煙治療アプリはこの治療の隙間を埋めるものだ。喫煙後に増加する呼気中の一酸化炭素（CO）の量を計測する超小型COチェッカーを併用するので、対面治療でないことによるごまかしが利かない。

内科医である佐竹晃太CEOが米国でアプリによる治療の費用対効果研究を終えて帰国し会社を設立してから6年。前例のない治療法を保険収載するのは簡単ではなかった。だが慶応大学との臨床研究などを通じて、高い安全性や医薬品を使う場合と遜色ない治療効果があることを示すデータを蓄積して学会などの理解を得てきた。

販売開始から丸4カ月、契約医療機関で治療を開始している人も増えている。19年には米国子会社を設立しており、海外展開も視野に入っている。近年普及している加熱式たばこでもニコチン依存症があるため治療が必要だ。ただ呼気中のCO検出数値は紙巻きたばこと比べると低くなりがちなので、別の成分による検査方法が今後の検討課題だ。

次の目標は、高血圧治療アプリ。血圧モニタリングと生活習慣ログ（記録）を基に、薬を使わずに高血圧を治療するもので、臨床試験第3相が主要評価項目を達成して終了している。21年中に承認申請を行い、22年の販売開始を目指す。さらにNASH（非アルコール性脂肪肝炎）治療用アプリが臨床試験第2相、アルコール依存症対象の治療用アプリが第1相にある。

「治療用アプリは、治療成績は医薬品と遜色ないうえ、副作用が少なく安全性が高い。また、世界でも日本がリードできる領域。いずれは当たり前に使われるようになる」（佐竹氏）。

これまで累計で63億円の外部資金を調達してきた。IPO（新規株式公開）に向けて着々と準備を進めている。

（小長洋子）

法人向けの健康管理システム（アイケア）

【設立】2011年6月 【資本金】8億5000万円 【社員数】99人

企業での従業員健康管理は、紙を用いるアナログ手法が現在でも残る。アイケア（iCARE）は、一気通貫型の健康管理システムを提供することで、従業員個人と人事労務部署などの組織の両方に対して「健康づくり」を支援している。

コアのサービスが健康管理システム「ケアリィ（Carely）」だ。人事担当者、産業医、保健師などが、法律で決められた健康診断やストレスチェックの受診状況、労働時間などを確認できる。面談が必要な従業員の抽出や就業判定も可能で、こうした健康管理をクラウドで一元的に行う。同社は導入効果について「業務工数（作業に当たる人数×時間）が75％削減できる」（100人規模企業の場合）とうたう。

離島医療を経験し、心療内科医も務めた山田洋太CEOが創業した。当初、従業員向けの健康相談サービスなどを展開していたが、人事労務部門など組織における作業効率化のニーズも重視するようになった。17年にCTOとして入社した石野良朋CTOがシステム開発チームを立ち上げ、組織向け健康管理サービスも拡充した。

導入企業は390社。「50～200人規模の企業での導入例が多いが、より大規模な企業では内部統制的な機能も必要になってくる。企業にとって工数削減効果も大きくなるはず」（石野氏）。

20年9月には新サービス「ケアリィ・プレイス（Carely Place）」の提供を開始した。蓄積された11万件超の健康データを活用し、導入企業が自社における健康課題などを可視化できる。浮上した課題については、外部の専門家による研修なども提供する。

「将来は、各企業の健康度をスコア化して表彰もできたら」（石野氏）と、〝社会的な健康〟の創出も目指している。

（ライター・漆原次郎）

最適な治療に出合えるサイト（メディカルノート）

【設立】2014年10月　【資本金】1億円　【社員数】106人

医療従事者と一般の人をウェブ媒体などでの情報発信・コミュニケーションで「つ

など」サービスを展開する。医師の井上祥氏とエンジェル投資家の梅田裕真氏が、医療情報格差の解決を図りたいと意気投合し創業。「すべての人が〝医療〟に迷わない社会へ」というミッションを掲げる。

医療情報の発信やオンライン医療相談などの情報プラットフォーム「Medical Note」は、月間ユニークユーザー数が1000万。症状によってどんな病気かを検索できる。各専門分野をリードするような医師・研究者からの情報を発信し続けることで、医療従事者からの信頼や協力を得てきた。ヤフーと連携し、病名の検索結果の画面に正確な情報が出るようにするなど、情報提供にも注力する。

執行役員の松岡綾乃氏は今後の事業展開について、「人々の病気予防から、診療、回復に至るまでの一連の経験をフォローアップできる体制の確立を目指す」と話す。診療段階では2020年、ウェブ予約やオンライン診療などのワンストップ化を実現する医療機関向け管理サービス「Hospital Manager」の提供を開始。回復段階では21年3月、医療機関・介護施設向けクラウドサービスを手がける「スリーサニー（3Sunny）」と資本提携し、治療後の患者に介護施設を紹介するなどのフォローも目指す。「将来的には個人健康記録とも連係させ、予防段階にも事業を広げたい」（松岡氏）。

（ライター・漆原次郎）

オンライン診療システムの先駆け（マイシン：MICIN）

【設立】２０１５年１１月 【資本金】１億円 【社員数】８０人

オンライン診療システム「クロン」は２０１６年のリリース後、薬局チェーン向けアプリと連動し、診療から調剤、服薬指導まで一貫したサービスを構築。契約医療機関は５０００、薬局店舗数は３０００にまで成長した。

クロンでは患者がアプリの利用料を支払う。新型コロナ感染症拡大を機にオンライン診療の需要が高まり競合も増える中、患者が費用を負担する仕組みは珍しい。だが原聖吾ＣＥＯは「サポート体制、制度に準拠した仕組み、セキュリティー対策のほか使い勝手のよさや実績など、医療者側にも患者側にも付加価値があると考えている」

と自信をのぞかせる。

次なる柱も構築中だ。1つ目が創薬向けデジタルソリューション。オンラインシステムを使う治験ツールでシミックやEPSといった大手CRO（医薬品開発業務受託機関）と組んでいる。

2つ目はデジタル技術を用いた治療支援。20年9月にテルモと糖尿病患者のデジタル治療支援システムの共同開発で提携した。健康診断の結果から疾患を予測するシステムや、画像認識から診断を支援するシステムなど、オンライン診療の中でも質の高い機能を開発している。このほかに、産学協同による医療データ活用サービス「PeOPLe」の開発や、ウェアラブルデバイスからのデータ取得実証研究なども継続している。

原氏は医師でありMBAも持つ。AI研究者と組み設立した経緯もあって医療AI関連と目されてきたが、今はAIを前面に出さない。AIは解決手段としてシステムに埋め込まれているもの。むしろ医師や薬剤師などの医療経験者とデータサイエンティスト、エンジニアで博士号を持つなど、社員の専門知を集めて医療が抱える課題を解決するという方向に変わりつつある。

社会的信用度のアップも狙い時期は未定ながらＩＰＯ（新規株式公開）が視野に入っている。

（小長洋子）

薬歴システムを起点に急成長（カケハシ）

【設立】２０１６年３月【資本金】１億円【社員数】１３８人

薬剤師は毎日数時間をかけて、「薬歴」（調剤や服薬指導の記録）を書く。調剤報酬の請求に不可欠だが、大きな負担だ。

電子薬歴システム「ムスビ」は、その記入時間を約3分の1に短縮できるという。独自のデータベースを基に個々の患者に合わせた服薬や健康維持のアドバイスをタブレットに表示し、薬剤師がそれを患者に見せながら順にタップすると、薬歴の下書きが自動的に作成される。

使い勝手のよさが評価され、「導入店舗数は毎月10%以上伸びている。これまでは中小規模の薬局が多かったが、大手の調剤薬局にも浸透してきた」と中川貴史CEOは手応えを感じている。

患者の体験向上にも取り組む。薬局と患者の連絡ツール「ポケットムスビ」を、20年秋LINEアプリ上で始めた。薬局側が状況確認の質問を送り、患者の回答に応じて薬剤師が助言する。薬局が患者をつなぎ留める手段にもなる。

累計資金調達額は約55億円と、医療関連ベンチャーの中でも大きい。現在は高度な統計モデルによる医薬品の需要予測と在庫管理のシステムを開発中。3月には、使用期限が迫った医薬品の再販を手がける企業を買収した。「薬局が最大限の能力を発揮できる環境をつくりたい」(中川CEO)。


(中川雅博)

AI診察支援で誤診を減らす(プレシジョン)

【設立】２０１６年１１月　【資本金】９０００万円　【社員数】１３人

患者が診察前にスマートフォンやタブレットに症状を入力しておくと、医師の電子カルテ上には、ＡＩ（人工知能）が導き出した疑われる疾患が表示される。誤診を減らすためのシステムを開発した。

「医療の属人化をなくしたい」。創業者の佐藤寿彦社長は話す。いくら優秀な医師とて、疾患や薬剤などの膨大な医療情報をすべて頭に入れておくのは不可能だ。佐藤氏は東京女子医科大学で現役の医師を続けながら、医師向けの診療情報データベースを構築した経験がある。それを問診票や電子カルテとつないで診察のフローに取り込めば、医療ミスを減らせるのではないかと考え、起業した。

システム上の診療マニュアルには３０００の疾患と全処方薬の情報を掲載。２０００人の医師が監修し、随時更新する。一般にも「お医者さんオンライン」として公開されている。さらに同社のＡＩアドバイザーを務める東京大学の松尾豊教授の研究室と共同で、機械学習の研究にも取り組む。問診結果を言語分析し、診療マニュアルから一致する疾患を探し出せるようにするためだ。

すでに東京大学や京都大学などの付属病院が導入。資本提携を結んだ臨床検査受託大手のH・U・グループホールディングスの販路も生かし、年内に100施設への導入を目指す。事業支援を受けている富士通とは同社が手がける電子カルテとの連携を進めるという。

（中川雅博）

免疫抑制剤に苦しむ患者を救う（ジュンテン バイオ）

【設立】2018年6月　【資本金】1億円　【社員数】15人

ジュンテン バイオ（JUNTEN BIO）は、バイオ生体肝移植を受けた患者への、免疫抑制剤投与を不要にする「誘導型抑制性T細胞」を開発している。免疫は体内に侵入してきた異物を攻撃し排除する役割を果たすが、移植された臓器も異物として攻撃する。その攻撃をやめさせるための免疫抑制剤は、体内の恒常性維持に必要な免疫機能も抑制してしまう。そこで、移植した臓器に対してのみ免疫寛容（免疫による異物への攻撃を抑えること）を誘導し、免疫抑制剤から離脱（使わずに済むようにする）させるのが、この細胞医薬だ。

バイオベンチャーの草分け、ジーンテクノサイエンスを育てた河南雅成氏が、同社会長を退任して18年に立ち上げた。

開発薬は、ドナー（臓器提供者）と患者のリンパ球を一定の条件下で共培養し得られたT細胞で、ドナー抗原に対する免疫拒絶反応を弱め、その情報を記憶させる。投与は1回のみだが、臨床研究では10年以上効果が持続する患者もいる。

順天堂大学を中心に医師主導治験1／2相（第1相からそのまま第2相に移る）が進行している。20年6月には先駆け審査指定制度の対象品目に指定されており、25年中に承認申請を行う計画だ。

市販を見越した製造プロセスの改善など資金需要も旺盛。18年と21年に2度の調達に成功した。

「免疫治療で表と裏の関係である免疫抑制剤の課題を解決する幅広い技術。再生医療を支える技術として育てていきたい」（河南代表取締役）

腎臓移植などほかの臓器移植への適応拡大に加え、全国で2万人といわれる移植後の免疫抑制剤の副作用に悩む患者への適応にも期待がかかる。また、iPS細胞を使う最先端医療にも免疫寛容は欠かせない。アレルギーや膠原病のような自己免疫疾患など応用範囲は広い。海外展開の可能性も大きい。

（小長洋子）

糖鎖研究のパイオニア（糖鎖工学研究所）

【設立】2012年4月【資本金】2億9100万円【社員数】18人

生命活動にとって重要な役割を果たす高分子物質（鎖）は生命鎖と呼ばれる。糖鎖はDNA、タンパク質と並ぶ第3の生命鎖で、タンパク質や細胞膜の脂質に結合する。

例えば、血液型は赤血球表面の糖鎖の種類で決まる。その糖鎖を自在に操る技術を持つのが糖鎖工学研究所だ。

タンパク質はどこに何本の糖鎖を付けるかで生体内での活性が変化する。抗体医薬や核酸医薬などのバイオ医薬品の開発は活況だが、同社の技術を用いれば、それらをバイオテクノロジー品ではなく、化学合成品のように、均一かつより安価に大量製造できる。

2003年、大塚化学で新規事業開発を担当しシーズを探していた朝井洋明氏は、糖鎖研究者である梶原康宏氏（現・大阪大学教授）と出会った。当時、糖鎖は1ミリグラムが50万円もしたが、鶏卵から糖鎖を取り出し大量に調製する手法を発明したという。その価値を見抜くや、大塚化学での特許取得を決断。まず社内研究所をスタートし自ら所長となった。2012年に分社化、翌13年に特許を買い取り、マネジメントバイアウトにより独立した。

50種類以上の糖鎖をキログラム単位でつくる技術を確立。大勢の人が育てた有用な技術を世に出したい一心だ。思いは実り、製薬企業などの依頼で、薬剤の候補物質に糖鎖を修飾する受託研究を進め、すでに臨床開発段階に進んでいるものも多数ある。将来それらが薬になれば、原薬（原材料）の製造を請け負うことで収益が望める。

（ジャーナリスト・塚崎朝子）

インフルエンザ診断を画像AIでサポート（アイリス）

【設立】２０１７年１１月　【資本金】１億円　【社員数】３２人

新型コロナウイルス予防策によって、インフルエンザの流行は抑制されている。だが国内だけで年間３０００人を超す死者がいて、インフルエンザ脳症など重い合併症もある、甘くみてはいけない感染症だ。このインフルエンザをＡＩ画像解析で、高精度かつ早期に診断できるよう支援する手法を開発している。

患者の喉の奥を撮影した画像から濾胞（ろほう：袋状の構造体）などの特徴を検出、インフルエンザ特有のものかどうかをＡＩで解析し可能性を示唆する。

基盤となる画像データベースは延べ1万人分で30万枚ある。患者の同意を得て集積したものでは世界最大規模という。

すでに臨床試験は終了し、21年上半期中に承認申請する計画だ。米国や東南アジア、欧州でも承認を目指す。

専用の撮影デバイスは、先端に高精度カメラが付いた直径1・5センチメートルほどのスティックで、喉の奥へ差し込んで撮影できる。喉の粘膜の裏を通る血管の状態まで読み取れ、幅広い可能性がある。

インフルエンザの次は、咽頭炎や扁桃炎を引き起こす溶連菌への適応で、すでに開発に着手している。新型コロナや、高血圧、動脈硬化など感染症以外も検討する。

当面は医療機関での診断支援機器となるが、今後、在宅診療の需要増や感染症診断での医療者のリスクなどもあり、低価格デバイスの普及次第ではオンラインでの診断需要も伸びるとみている。

20年夏の調達成功で手元資金は潤沢だが、海外展開の加速などによる資金需要の増大を見越し、24年の上場を目指している。

「匠の技をＡＩで再現し患者さんを救う。インフルエンザを皮切りに対象疾患を広げるためどう動くか。また集積されるデータを生かしどのように社会に貢献していくか。これまでの研究開発型から、新しい事業化フェーズが始まったところだ」（沖山翔代表取締役）

（小長洋子）

線虫を用いた尿によるがん診断（ＨＩＲＯＴＳＵバイオサイエンス）

【設立】２０１６年８月　【資本金】２２億８５２１万円　【社員数】９２人

２０１５年、「線虫が尿中のがんのにおいを高精度に識別できる」とする研究論文が米科学誌に掲載された。著者は当時九州大学助教だった広津崇亮（たかあき）氏。

この成果を、人類をがんから救うことに役立てたいと、広津氏は研究生活に見切りをつけ、自ら実用化するための起業を決断した。会社設立から３年半、２０年には箇易検査キット「N－NOSE（エヌノーズ）」を発売した。

当初は医療機関や健康保険組合などを介して検査を受ける人が多かったが、尿を輸送する仕組みを構築し、21年から全国の誰でも簡便に受けられるようになる。コロナ禍でがん検診の受診者数が減っており、追い風が吹いている。

検査費用は9800円、輸送費を含めても1万円強で、普及のため検査施設のマージンを圧縮して値頃感にもこだわった。自前で検査センターを立ち上げているため、実際には設備投資や固定費がそれなりにかかっている。

この検査を、入り口で広く浅く行う全身のがんスクリーニングと位置づけており、現在は5大がんを含む15種のがんについて検出精度が証明されている。感度（罹患者のうち検査で正しく「陽性」と出る人の割合）は86・3％と高く、ごく早期のがんでも見つけられるのが特長だ。仮に陽性と出た後は、がんがどこにあるか調べる検査が必要となるが、その負担も軽減したいと、がん種ごとに特異的に見分ける線虫を遺伝子組み換えで作る研究も進めている。海外展開を見据え、検査結果に人種差がないことも証明しつつある。

発見者が自ら社長を務め、検査の優位性を誰より正確かつ雄弁に語ることは、資金調達や共同研究先探しで大きな強みだ。大手企業とのアライアンスを続々と物にしている。

（ジャーナリスト・塚崎朝子）

微生物ゲノムを単一細胞レベルで解読（ビットバイオーム）

【設立】２０１８年１１月　【資本金】１億円　【社員数】１９人

ビットバイオーム（bitBiome）には、微生物のゲノム解析を「単一細胞レベル」で可能にする独自技術「ｂｉｔ－ＭＡＰ」に特長がある。創業者の細川正人取締役ＣＳＯ（早稲田大学理工学術院准教授）らが開発した技術を基本としている。

微生物を１細胞ずつカプセルに入れ、１つのチューブ内で各細胞のＤＮＡを増幅したうえ、次世代シーケンサーという装置で解析する。これまでは、微生物のゲノム解析を細胞群レベルで行うか、単一細胞レベルにこだわる場合も細胞をわざわざ培養して行うしかなく、培養できる種も限られていた。

「b・i・t−MAP」を基に、細菌などから未知の機能を見いだしたり、バイオマーカーを作り生体や土壌などの診断に活用したりと、用途については期待が広がる。佐藤公彦CEOは「微生物関連産業は12兆円規模である一方、発見されている微生物種数は地球上で全体の0・001％以下」と、潜在需要の大きさを強調する。

国立がん研究センターとがんに関連する腸内細菌の解析や、米フレッド・ハッチンソンがん研究センターと大腸がん組織内の細菌叢（そう）解析を行うなど、国内外の機関と共同研究を進めている。製薬、食品、農業などの企業からも引き合いがある。

「共同、あるいは受託の解析事業から成果を出し、そこでライセンス収入を得ていきたい。自分たちで機能的な酵素や薬品を創り出し、収益化することも視野に入れている」（佐藤氏）。

（ライター・漆原次郎）

ｍＲＮＡを標的にした創薬（ウェリタス インシリコ）

【設立】２０１６年１１月 【資本金】９０００万円 【社員数】１３人

遺伝情報をコピーして運ぶメッセンジャーＲＮＡ（ｍＲＮＡ）を標的とした創薬において、自社開発の核酸構造解析ソフトウェアと、核酸構造を検証し化合物スクリーニングを行う実験技術とを組み合わせたプラットフォームに特長がある。

製薬会社と共同研究を行い、契約一時金や開発の進捗に応じたマイルストーン収入などを得るビジネスモデル。創薬の対象は、低分子医薬品と、中分子医薬品である核酸医薬品だ。

中村慎吾社長は「疾患関連のタンパク質は数多くあるが、低分子医薬品の開発に際して従来の創薬技術で狙えるタンパク質標的は限られている。ｍＲＮＡを標的にすれば創薬の可能性は一気に広がる」と話す。今後の成長市場とされる希少疾患は、ｍＲＮＡ標的の核酸医薬品と相性がよい。製薬会社との共同研究によって、すでに低分子、核酸の両方で複数の候補物質が見つかっているという。

開発後の製造を見据えて、三菱ガス化学からも出資を得た。

中村氏の経歴は多彩だ。武田薬品工業で低分子化合物の創薬研究をしていたがプロジェクトが中断し退職。米ダウ・ケミカルや医薬品受託製造最大手の米キャタレントを経て、産業革新機構では戦略投資ディレクターとして医薬ベンチャーへの投資も手がけた。「あらゆる分野を経験できたことが、ベンチャー経営に生きている」と振り返る。

社名のウェリタス インシリコ（Veritas In Silico）には、「インシリコ（コンピューターを用いた計算科学）の中に真実がある」との意味が込められている。ラテン語の格言「in vino veritas（ワインの中に真理がある＝酒の席でこそ本当の人格がわかるの意）」からヒントを得た。「ｍＲＮＡ標的創薬で日本のプラットフォーム企業になり、新しい治療薬を届けるのが夢」（中村氏）。同社にとっての真理は創薬の実現ということになる。

（長谷川　隆）

「心臓ネット」で心機能を改善（アイコアネット研究所）

【設立】2016年12月【資本金】2億2500万円【社員数】6人

心不全患者は日本で120万人、世界では2600万人といわれる。中でも拡張型心筋症は、主に左心室の収縮力低下と心拡大が進行する難病。心臓のポンプ能力が徐々に低下して全身に血液が行かなくなり、わずかな動作でも息切れして動けなくなる。薬物治療やペースメーカーの効果は限定的。心臓移植はドナー不足だ。

この進行性の心拡大を止め心臓を支えるのが、アイコアネット（iCorNet）研究所が開発中の「心臓サポートネット」だ。心機能が最大化するネットを設計・製造し心臓に装着するテーラーメイドの治療機器だ。MRIや造影CT画像を基に患者ごとに3D心臓モデルを作成し、右心室の動きを妨げず、左心室に最適な心臓サポート圧がかかるようにしている。

2019年開始の臨床研究は予定の3例の組み入れが終了、2例は1年以上の経過観察中で、ともに大きく運動能力が改善した。進行を遅らせるだけでなく心機能改善の可能性も見えてきた。２１年中に臨床試験を開始する。

さらに導電性素材による除細動機能を持つ心臓ネットの開発にも着手している。既存の植え込み型除細動器は強い電気ショックのせいで患者への負担が大きいが、除細動機能付き心臓ネットでは１００分の1程度の電気エネルギーで済み、痛みはほとんどないという。

「開発初期段階から継続して公的資金の助成も受けている。できるだけ早く製品化して患者さんに届け、お返しをしたい」と秋田利明代表取締役兼名古屋大学大学院医学系研究科特任教授は話す。

（小長洋子）

阪大発、iPS細胞由来の心筋シート（クオリプス）

【設立】２０17年3月　【資本金】１億円　【社員数】３３人

世界初の心不全治療用再生医療製品として2015年に承認された「ハートシート」。開発者の澤芳樹大阪大学教授は、重症心不全に対する、より高い治療効果を求めてiPS細胞由来心筋シートを開発している。クオリプスはその事業化を担っている。

iPS細胞のメリットは、患者の負担を減らし迅速に治療を行えること。患者本人の組織を採取して細胞を培養する手順が不要で、あらかじめ作製し凍結保存した心筋細胞からシートを作製する。

大阪大学で医師主導治験が20年に始まった。現時点で3症例の移植が終了し経過観察中だ。安全性・有効性が確認できれば4~7例でさらに有効性を確認し、早ければ23年の販売開始を目指す。販売は提携先の第一三共。クオリプスは製造、品質管理を担当する。当面は国内承認を目指すが、将来は海外展開も視野に入れる。

また、20年9月、商業生産を目指して開設した細胞培養加工施設は、当面のiPS細胞由来心筋シートの需要対応にとどまらず、将来の増産やほかの細胞培養加工の受託も可能なCDMO(受託開発製造)機能も持たせてある。また、これまでの経験を生かした支援サービス事業も想定しており、自社開発だけに依存しない体制を構築しようとしている。
20年12月と21年3月の2回で約40億円を調達した。20年8月に社長に就任した草薙尊之氏は金融界出身。「できるだけ早い段階での株式公開を目指して準備を進めている」と意欲を語る。

（小長洋子）

脳疾患のドラッグデリバリー（ブレイゾン・セラピューティクス）

【設立】2015年10月【資本金】1000万円【社員数】12人（米法人を含む）

薬を脳へと送り込むのは容易でない。脳に血液中の物質を通さない血液脳関門という関所があるためで、投与した量のほとんどは脳に届かない。薬剤を載せて脳へ自走するナノサイズのマシンを用いた仕組みを開発し、基盤技術として製薬会社に提供することを目指している。
マシンは、片岡一則東大特任教授が生体適合材料で作製した直径約30〜50ナノメートルの粒子（ナノミセル）で、内部に薬剤を封じ込めて狙った場所で放出する。一方、横田隆徳東京医科歯科大教授は、脳がブドウ糖を取り込むことに着目し、空腹時の血糖変動により、これを脳に高効率で届ける方法を考案。これで脳への薬剤の送達率は6％へと向上するが、血液コントロールを必要としない別の送達法も開発中だ。川崎に加え、19年には米ボストンにもラボを開設した。

（ジャーナリスト・塚崎朝子）

脱落した候補物質を別の疾患向けに開発（アーサム セラピューティクス）

【設立】2018年7月 【資本金】1億円 【社員数】6人

創薬には「死の谷」があり、とりわけヒトでの薬効を確認する第2相試験で脱落する化合物は少なくない。製薬会社からそうした物質を譲り受け、当初とは別の疾患に対する治療効果を検証し薬に育てるバーチャルな研究開発を行っている。アーサムとはサンスクリット語で「価値」の意。武田薬品工業で研究職にあった長袋洋CEOらが立ち上げた。

工場はもちろん、研究室も持たないが、最適なアカデミア（大学）や企業との協業で創薬を目指す。創業メンバーの1人、上村尚人氏が医師で大分大学教授であることから、アカデミアとのパイプは太い。2つの化合物について、それぞれ高齢者の皮膚疾患である水疱性類天疱瘡（てんぽうそう）と、小児の難治性脈管奇形について第2相試験の準備を進めている。

（ジャーナリスト・塚崎朝子）

「カビ」から脳梗塞の治療薬（ティムス）

【設立】2005年2月　【資本金】2億3487万円　【社員数】12人

黒カビから画期的な脳梗塞治療薬が生まれようとしている。第2相の臨床試験に挑んでいる物質は、長年にわたって研究してきたカビ由来のSMTPと呼ばれる化合物の1つだ。

青カビからペニシリンが見つかったように、天然物からの薬創りは創薬の王道。やはり青カビからコレステロール低下薬（スタチン）を発見した遠藤章氏はかつて東京農工大学で教鞭を執り、ティムスの取締役である蓮見恵司・同大学教授はその愛（まな）弟子だ。

スタチンが動脈硬化を予防しても脳梗塞が完全に抑えられるわけではない。脳梗塞の原因となる血栓を溶かす薬を目指し、カビにこだわった。1990年代半ば、自分たちで収集したり、譲り受けたりしたカビ類の中から探索に着手。ついに活性を探り当てたのは2000年で、沖縄県西表島の落ち葉に付いたカビが産生する物質だった。

もともとは蓮見氏による別のシーズの実用化を目指して創業した大学発ベンチャーだが、そちらは頓挫。今度こそ形にと、11年から18年まで社長だった蓮見氏は製薬会社への売り込みに奔走し、50社以上に断られたが諦めなかった。

既存薬にない内因性で穏やかな血栓溶解作用、梗塞で生じた炎症の抑制作用、さらに抗酸化作用を併せ持つことも解明した。第1相試験も自社で実施した。18年、ついに米バイオジェンとの大型の独占的オプション契約にこぎ着けた。

（ジャーナリスト・塚崎朝子）

血糖値モニタリングで生活習慣改善（プロヴィゲート：Provigate）

【設立】2015年3月　【資本金】9000万円　【社員数】9人

糖尿病治療のための血糖値の管理では、「ヘモグロビンA1c」が使われることが一般的だ。この数値は3～4カ月間の平均血糖値が反映されるため、数日程度、食事や運動を改善しても変化しない。中長期にわたる管理指標としては優れているものの、患者にとっては努力した結果がすぐに見えないのが難点だ。

そこでグリコアルブミン（GA）という物質に注目。直近2週間程度の平均血糖値を反映しており、「GAのモニタリングは患者が生活習慣の改善を続けるモチベーションの維持につながる」（関水康伸CEO）。微量の血液からGAを検出できるセンサーと管理アプリを開発する。

現在は、センサーの量産化に取りかかっている段階。医療機器として23年の承認取得を目指す。

（石阪友貴）

化合物ライブラリーで創薬（プリズム バイオラボ：PRISM BioLab）

【設立】2006年11月【資本金】1000万円【社員数】10人

体内で多くの重要な生物学的情報のやり取りに必須の「タンパク質間相互作用」。これまで有望な創薬標的と見なされながら、そこに作用する化合物を見つけるのが難しかった。その課題に応えようとするのが自社の候補化合物ライブラリーだ。細胞内まで入り込んで制御する「アミノ酸模倣低分子化合物」をつくる。竹原大代表取締役は「合成した化合物は約2万個。理論的には2億5000万個が可能」と話す。化合物の中心部に当たるアミノ酸骨格の立体構造を高精度で設計する。

国内の製薬会社と複数のパイプラインを持っている。肝硬変治療薬、抗がん剤で臨床試験段階にある。海外企業にも注目され、20年には独メルク、また独ベーリンガーインゲルハイムと、それぞれ研究とライセンスの契約を結んだ。

（ライター・漆原次郎）

AIで病理診断、九大・起業部発（メドメイン）

【設立】2018年1月【資本金】11億9000万円【社員数】30人

病理の専門医はがん診療において、患者から採取した組織の中のがん細胞を見極める重要な役割を担っている。病理医は慢性的に不足している。病理診断を外注する病院もあり、患者は結果が出るまで1週間以上待たされることはザラだ。加えて、海外には病理診断の質にばらつきのある国もある。そこにＡＩ（人工知能）を導入し迅速で精度の高い病理診断ができるよう支援する。

２０１８年に九州大学の「起業部」の仲間３人とともに創業した飯塚統ＣＥＯは、今も医学部の現役学生。起業を見据えて、学業の傍らウェブ開発などに独学で磨きをかけ、病理とＡＩをつなぐ素養を蓄えた。浪人時代に腎臓病で長期入院した体験も糧とした。

製品の「PidPort」では、まずプレパラートに貼られた病理組織標本をデジタル画像化し、管理・保管しやすくする。これにより遠隔病理診断が容易になる。さらに、ＡＩがこのデジタル画像を解析して組織や細胞を瞬時にスクリーニングできる。ＡＩの深層学習のため、大学や大手病院グループがデータの提供などで協力している。

すでに内外の医療機関向けサービスを提供しており、利用料は人数やデータ量に応じ月額数万円から数十万円。コロナ禍で本格的に遠隔診療の取り組みが模索されていることも追い風とする。

飯塚氏は「将来は機械作業的な部分はＡＩに任せ、医師はより専門性の高い部分を担う役割分担が進むはず」と展望を語る。

（ジャーナリスト・塚崎朝子）

非可食バイオマスを化学品・燃料に（グリーン アース インスティテュート）

【設立】２０１１年９月【資本金】４億９８１０万円【社員数】３０人

グリーン アース インスティテュート（Green Earth Institute）は、植物の葉や茎、食品工場の残渣（ざんさ）のような「非可食バイオマス」を原料に、高効率な発酵プロセスで化学品・燃料をつくる技術を持っている。非可食原料なので、食料生産とはバッティングしない。技術のコアは、公益財団法人の地球環境産業技術研究機構が開発した。

発酵の担い手「コリネ菌」の遺伝子を組み換えることで、発酵原料として通常用いられるブドウ糖だけでなく、非可食バイオマスに多く含まれながら原料に不適とされていたほかの糖類も効率的に利用し、化学品や燃料を生み出す。通常は発酵を阻害する物質の影響を受けない点も、高効率な生産が可能な理由だ。

生産物は、食品・飼料向けのアミノ酸から、燃料向けのアルコール類まで多岐にわたる。遺伝子組み換え技術を駆使することで、目的に合わせて物質をつくることができる菌体を開発しているからだ。

DICと共同で生分解性を持つ高吸水性ポリマーの開発に参画したほか、日本航空による国内初の国産バイオジェット燃料製造プロジェクト（21年3月に国内フライトも実現）に加わるなど、実績を重ねてきた。化粧品会社アルビオンとは、ポプラのウッドチップから発酵エタノールを製造し、化粧品原料として実用化している。また、発電設備のスケールアップを図ってきた。

現在のビジネスモデルは、国内外の企業への技術ライセンシングが中心だ。川嶋浩司COOは、「ライセンス収益を基にさらなる開発も進めていく。世界中のプラントで弊社の提供する技術が活用されることを目指している」と意気込む。

（ライター・漆原次郎）

営業利益率59%の優等生

ペプチドリームの快進撃

2013年の上場以来、変則の6カ月決算だった19年12月期を除いて業績を伸ばし続けている国内では希有なバイオベンチャーがある。東京大学発の創薬ベンチャー、ペプチドリームだ。20年12月期の売上高は116億円、営業利益は69億円。営業利益率は59%と、驚異的な数字だ。

2006年に「特殊ペプチド」で独自の技術を持つ東京大学大学院の菅裕明教授(18年まで取締役)と実業家の窪田規一氏(21年3月まで会長)が共同で創業した。

創薬技術の中心は、長くこの世界を席巻してきた低分子医薬から、2000年前後を境に、抗体を中心とした高分子医薬へとシフトしてきた。さらに近年は抗体医薬の開発にも限界説がささやかれ始め、これらに代わる「第3の創薬技術」としてペプチドを使う創薬への期待が高まっている。

ただ低分子、高分子双方のよさを持つ中分子のペプチドにも弱点はある。中でも1番の難点は、体内に注入してもすぐ消えてしまい安定しないということだ。

ペプチドリームが保有するのは、アミノ酸の組成を一部変えこの欠点を解消した特殊ペプチドを自在に作る独自技術だ。

この技術をコアに同社が構築したのが、「PDPS（ペプチド・ディスカバリー・プラットフォーム・システム）」と名付けた創薬開発プラットフォームだ。これを使えば、医薬品の候補物質になる特殊ペプチドを、同社が持つ1兆個のストックからどこよりも素早く探し出せる。

収益の柱は2つある。1つ目は、世界の製薬大手との共同研究だ。契約を結んだ際の契約一時金に加え、薬の開発が進んだ際にはマイルストーン収入を得る。

もう1つは、PDPSを製薬会社に提供することによる技術供与料だ。この契約でも、開発がうまく進めばマイルストーン収入が得られる。

提携する企業は20年末時点で共同研究の20社、技術ライセンスで9社あり、順調に拡大を続けている。関与する開発プログラム（開発案件）は120件に達する。

こうした提携を積み上げるごとに、共同研究や技術供与による契約締結時の一過性の収入だけでなく、開発の進捗に応じて得る収入が重なって、毎年安定的に収入が獲得できる仕組みになっている。

一般的に、創薬関連のバイオベンチャーは数種類の候補物質を作り出し、その開発権を製薬会社に供与する。一時的な収入を得られるが、候補物質の数が少ないうえ、提携先の製薬会社で思うような結果が出ず開発遅延や中止は日常茶飯事だ。1件ごとのリスクはペプチドリームも同じだが、全体の件数が多いため業績に与える影響は軽減される。

こうした独自のビジネスモデルは、窪田氏が創業時から徹底的に考え抜いたものだ。ほとんどのバイオベンチャーが成功していない中、業界での成功モデルを追求した結果が、ペプチドリームの高収益を生んでいる。

ペプチドリームは、17年に塩野義製薬や積水化学工業などと共同でペプチスターを設立した。ペプチド原薬の研究開発や製造受託を行う会社で、19年から稼働している。ペプチドリームの共同研究先などにペプチド原液を供給する。特殊ペプチドは製造コストがまだ高いのが難点だが、この会社が量産化技術を確立できればコストの低減が進むとみる。

量産技術などの開発状況について、ペプチドリームの金城聖文副社長は「順調に進んでいる」と話す。前会長の窪田氏は、「(量産化技術が確立すれば)ペプチドに(創薬技術としての)デメリットはなくなり、世界中から製造委託が来るはず」と見通す。

同社は21年3月に公表した26年12月期までの新中期目標で、「治療薬の承認・販売数が4件以上(20年末時点ではゼロ)、臨床段階の開発プログラムが32件以上(同2件)」という極めて強気な数字を示した。臨床段階以前の開発プログラムと合計すれば、約200の案件を抱えることになる。

インテルのような存在に

窪田氏には、目標とする企業イメージがある。それはバイオの業界で米インテルに近い存在になることだ。半導体で世界を席巻したインテルの宣伝フレーズをまねた「ペプチ入ってる」を頻繁に口にする。バイオ業界に必要不可欠なプラットフォーマーになり、これから新たに承認される新薬の開発では自社のＰＤＰＳが使われているという姿だ。

そうした創業者のドリームを実現するのは、１７年から社長を務めるリード・パトリック氏以下の経営陣だ。

（大西富士男）

INTERVIEW

「成功のカギは事業モデル差別化」

ペプチドリーム前会長・窪田規一

共同創業者の菅裕明東京大学教授の開発した特殊ペプチド技術は唯一無二だった。会社設立当初に世界的な研究機関から共同研究の話が来て、研究費を助成してもらえたのはラッキーだった。

ただ、技術はよくてもビジネスに使えるかは別。これは日本の多くのベンチャーができていない点だ。私は会社設立前に1年をかけて、これならいけるというビジネスモデルを組み立てた。設立後も3〜4年かけてビジネスに使えるように技術を改良、そして独自の創薬開発プラットフォームに仕上げた。

菅教授との良好な関係を維持できたのも大きい。バイオベンチャーでは、技術を発明した大学の先生と経営者が途中でけんか別れする例が大半だからだ。

会社のブランドづくりにも成功できた。どこにもないプラットフォームを基に、共同研究、技術ライセンスという2つの事業柱で世界的な製薬大手の多くと提携できた。13年から黒字、増収増益を続けられている。一時は時価総額が8000億円台に達した。株式市場の評価は当社の実力以上、いわば期待値なのだろう。

しかし、ここ2〜3年は当社のブランドも色あせ始めてきた。新しい提携を発表しても株価は反応しなくなってきた。市場は年に2〜3の新薬が当社のプラットフォームから出てくるのを期待している。

強みであるプラットフォームをコアに製薬会社と連携する水平統合型エコシステムを基本として、どうしたらこの期待に応えられるか、後の世代には考えてほしい。

苦闘する上場ベンチャーたち

バイオベンチャーでは、先のペプチドリームのように上場以降順調に成長している企業は一握り。むしろ業績不振や課題山積の企業が多い。

その1社が、ラクオリア創薬だ。同社では、この3月に行われた株主総会において個人株主の提案が承認され、経営陣の交代劇が起こった。上場企業の中でも前代未聞の出来事だ。

同社は製薬大手・米ファイザー日本法人の中央研究所を前身に、2008年に設立された創薬ベンチャーである。11年にジャスダックに上場している。

21年3月25日に行われた同社の株主総会。株式の10%超を握る筆頭株主の柿沼佑一弁護士による取締役選任などの全提案が、多数の株主による賛成で可決された。

旧経営陣の谷直樹社長などが退任。同社で14〜18年に財務経理部長などを務めた武内博文氏が代表取締役（社長）に就任した。柿沼氏自身も、社外取締役（監査等委員）に就いた。

20年12月期の業績は、コロナ禍や当初見込んでいた新薬候補化合物の導出遅れで営業赤字が膨らんだ。11年の上場以降、10期連続で営業赤字となっている。

これまで一度も営業黒字化させられなかったのは、前経営陣が採ってきた、過度に失敗を避ける「萎縮型」の研究開発戦略によるところが大きい。

谷前社長は、創薬過程のごく初期の「探索」段階における、ほかの製薬会社との共同研究や導出（開発権などの供与）に力点を置いていた。これには、自社の負担する開発コストが安く済むメリットがある。その反面、探索に続く段階である前臨床や臨床試験（治験）まで自社で行うのに比べ、開発が進展した際に受け取る開発マイルストーンは減り、1案件当たりの〝生涯収入〟が小ぶりになってしまう欠点がある。

また、ラクオリアが導出した先の企業がさらに別の製薬企業にその権利を供与（再導出）するケースが目立つ。こうした場合、ラクオリアが得る収入は少なくなりがちだ。

つまりこの戦略だと、共同研究の数が少々増えても収入全体は小さくなってしまう。結果、業績が低迷してしまっていた。

武内新社長や柿沼氏はこの戦略にメスを入れる構えだ。経営体力の範囲内で、開発対象を患者数の少ない疾患に絞り込むなど開発コストを下げる工夫をしつつ、探索だけでなく従前よりは後期の前臨床や治験にも自社が携わる戦略を採用する方向性を提示している。

旧経営陣で創薬研究を担当していた渡邉修造副社長は、新経営陣でも留任。総会直後の取締役会で「取締役として残り武内氏などと協力する」意向を明言した。創薬研究に最も知見がある渡邉氏の取締役辞任という、最悪のシナリオは回避できた。

万年赤字企業の再生は、個人株主パワーを原動力にした経営陣刷新よりも難問だ。武内新社長や柿沼氏が、渡邉氏や従業員と「真のノーサイド」になることが再生の第一歩となる。

アンジェスは膨張路線

一方、ラクオリアとは対照的に、脆弱な収益構造を開発戦線の拡大がさらに悪化させているのが、大阪大学発の創薬ベンチャー・アンジェスだ。1999年に始動、マザーズ上場は02年にさかのぼる、日本のバイオベンチャーの先駆けだ。こちらは上場来最終赤字が17期連続となっており、2020年12月期の赤字額は過去最大の56億円に上った。

前期に大きな費用負担の1つとなったのが、新型コロナワクチンの開発費だ。同社は20年3月、国内勢では一番乗りで新型コロナワクチンの開発を始めると宣言した。6月には初期治験、11月には500人を対象にした中期治験に駒を進めた。当初は21年春にこの中期治験のデータを発表する見込みだったが、スケジュールの遅れで初夏にずれ込むことになった。

ただ、仮に中期治験の結果がよくても、承認までには最終治験で万人単位の健常者にワクチンを投与する必要がある。大規模な治験を行うには国内では被験者が到底足りないため海外でも治験を行わざるをえないが、これは難事業だ。

ファイザーや米モデルナ製など先行するワクチンの接種が続々と進む中で、アンジェスが開発中のワクチンの最終的な安全性・有効性は不明なうえ偽薬を接種される可能性がある治験に、大人数の被験者が応じるかはわからない。

大規模なグローバル治験や、その後の販売で不可欠になる製薬大手などとの提携も、現状では見通せていない。

また、20年12月に200億円規模を投じ買収・子会社化した赤字の米バイオベンチャー・エメンドも業績の下押し要因だ。病気を引き起こす標的遺伝子だけを切り取る次世代のゲノム編集技術が強みだが、のれん償却と開発費が負担になっている。

この技術は遺伝子医療で勝負するアンジェスにとって魅力的なのは確か。だが同社が見込むシナリオどおりにいくのかは未知数だ。アンジェスの体力に比べ買収額はあまりに巨額なため、大ばくちという印象はぬぐえない。

新型コロナワクチン開発や巨額買収など、積極的な拡大策が将来の収益拡大につながれば問題はない。その具体的な成果が問われている。

（大西富士男）

「初診」の特例解禁から1年

オンライン診療の新商機

コロナ禍で広がりつつあるオンライン診療で、新規参入が相次いでいる。通信大手のソフトバンクは2021年度上半期中に、オンライン診療事業を始める。手がけるのは、医療サービス子会社のヘルスケアテクノロジーズだ。

同社は20年7月に健康医療相談アプリ「ヘルポ（HELPO）」の提供を開始。現在は診察ではなく一般的な医療情報をチャット相談で提供しており、自社で採用した数十名規模の医師や看護師、薬剤師が24時間対応する。ユーザーが相談を書き込むと、30秒以内に返信が来る仕組みだ。

ドラッグストアで購入できるOTC医薬品のネット販売や病院検索機能も提供し、相談内容に応じて誘導する。薬の配達地域は東京23区内のみだが、物流ベンチャーと提携し、夕方5時までに注文すれば夜9時までに届く。

現在は法人や自治体を顧客とし、法人では職員の福利厚生の一環として、自治体では国民健康保険の加入者への健康指導などとして使われている。サービス開始前にはソフトバンクの社員に実証実験を行い、7割が継続的な利用意向を示した。「一般消費者への提供も計画している」(大石怜史社長)。

今後展開するオンライン診療の事業は、独自にビデオ通話などのツールを開発するのではなく、医療機関に導入済みのシステムに接続する形になるという。大石氏は、「クリニックごとにオンライン診療アプリを入れるのは不便。患者がヘルポのアプリを開けばワンストップで診察を受けられるようにしたい」と説明する。事前のチャット相談の内容を問診票として医療機関と共有し、診察時間を予測して予約を取りやすくするシステムも開発を進めている。

実はヘルスケアテクノロジーズは、ソフトバンク・ビジョン・ファンドが出資していた中国のヘルスケア企業、平安好医生(ピンアン・グッド・ドクター)との合弁事業だ。中国ではオンライン診療や薬のネット販売が急速に広がっている。「平安はヘルスケアのテック企業としてパイオニア。事業のノウハウ面で協力を得ている」（大石氏）。ちなみにデータはすべて日本国内のサーバーに保管され、平安側がアクセスできない体制を取っているという。

将来的には健康診断のデータを活用した生活習慣病の予測や、ウェアラブル機器との連携、フィットネス動画の配信なども計画する。「すべてを自分たちではやらない。ベンチャーも含めてさまざまなソリューションを持つ企業と共創したい」と大石氏は話す。

規制緩和が急加速

コロナ禍での特例措置として、２０２０年４月に「初診」でのオンライン診療が解禁されてから1年が経過した。初めての診察や新たな症状・疾患の診察の場合、従来は対面が原則だった。だが新型コロナウイルスの院内感染などを防ぐため、厚生労働省は時限措置として規制緩和に踏み切った。診察後のオンライン服薬指導についても、

20年9月の医薬品医療機器等法（薬機法）改正と同時に始まる予定だったが、特例措置を受けて早まった。改正法でもともと定めていた諸条件も緩和された。

コロナ禍でデジタル政策が加速したことを受け、厚労省は初診からのオンライン診療の恒久化に向けた検討を進めており、今秋の指針改定を目指す。並行して服薬指導でも同様の見直しに動いている。

「なぜ広告会社がオンライン服薬指導のシステムを始めるのか」。20年4月にオンライン服薬指導を中心としたヘルスケア子会社MG－DXを設立したサイバーエージェントに、こんな問い合わせが相次いだ。もともとサイバーはドラッグストアとの関係が深く、公式アプリの開発や店舗での販促などを手がけていた。ただ「薬の領域だけが空白地帯だった」（MG－DXの堂前紀郎社長）。

20年5月の会社設立から急ピッチで開発を進め、オンライン服薬指導サービス「薬急便」を3カ月後に開始した。予約、問診、チャット、ビデオ通話、決済という基本的なフローに対応したものだ。「デジタルに不慣れな薬剤師でも使えるよう機能は最小限にしている。ソフトウェアで差別化して稼ぐつもりはない」（堂前氏）。独立したアプリではなく、ドラッグストアが公式アプリなどに組み込みやすいよう、ブラウザーで使えるようにしている。20年12月には物流会社と提携して処方薬の当日配送を一部地域で開始し、21年2月にはオンライン診療機能も加えた。

重視するのは、「患者がオンライン服薬指導を使いやすいようにして、ドラッグストアの集客につなげること」だと堂前氏は話す。一般的にオンライン診療ではクリニックから薬局へ処方箋がスムーズに共有されないなど、普及に向けた課題が指摘される。MG－DXでは双方に研修を行うなどして「地域医療のオンライン化を進める」(同)。収益源もツールの販売だけでなく、デジタル化のコンサルティング費用が大きいという。

国内で約8400万人のユーザーを抱えるLINEは傘下のLINEヘルスケアを通して、20年12月にオンライン診療サービス「LINEドクター」を首都圏の一部医療機関で先行的に開始した。医療機関の利用料は無償とした。圧倒的なユーザー基盤を持つLINEの参入は大きな注目を集めたが、3月に、中国の関連会社から日本の個人情報へアクセス可能になっていたり、一部データが国外のサーバーに保管されていたりした問題が明らかになった。

ＬＩＮＥドクターも医師の免許証や患者の健康保険証、領収証などの画像データが韓国のサーバーで管理されていた。登録する医師からは従来の説明内容と異なるとの声も上がり、ＬＩＮＥヘルスケアは医療機関などへの説明が十分でなかったとして謝罪した。3月末にはすべてのデータが国内サーバーへ移管が完了したという。

ＬＩＮＥヘルスケアは19年12月に、医師に一般的な健康相談ができる有料のチャットサービスを開始。新型コロナウイルスの感染が広がった客船でスマートフォンを配布してサービスを提供したことも話題となった。満を持してオンライン診療に参入し、今後は服薬指導にも広げる計画だったが、まずは信頼回復に追われそうだ。

アプリが医療の出発点

新規参入が増える中で先行者として存在感を見せるのが、16年12月からオンライン診療・服薬指導アプリ「クリニクス（CLINICS）」を提供するメドレーだ。19年

12月に東証マザーズに上場し、コロナ禍で急成長した1社だ。導入する医療機関・薬局数は20年末時点で5000を超え、前年の5倍となった。

「クリニクスアプリを患者が医療サービスを受けるときの出発点にしたい」。執行役員の田中大介・クリニクス事業部長はそう語る。アプリではメドレーのシステムを導入する病院の検索から予約、問診、診察、薬局への処方箋の送付、服薬指導まで一通りの医療サービスを完結させられる。「オンライン化でかかりつけの医師や薬局との関係が強固になる。患者が医療にアクセスしやすくなれば、重症化を防げる。そうすれば医療費の低減にもつながる」（田中氏）。

メドレーの特徴は医療機関向けの電子カルテシステムも手がける点だ。開業医における電子カルテの導入率はいまだ4割と低い。オンライン化の流れで医療データの活用に向けた議論も高まっているが、「電子化が進まなければ第一歩すら踏み出せない」（田中氏）。薬局向けサービスでは、薬剤師と患者のチャット機能や電子お薬手帳の提供も予定する。

現実に目を向けると、オンライン診療に対応する医療機関はまだまだ少ない。厚労省によれば、電話対応も含めて実施可能な医療機関は全国で約15%。この割合は20年6月ごろから変わらない。しかも診療件数の7割近くが電話だ。

オンライン診療に詳しいデジタルハリウッド大学大学院客員教授の加藤浩晃医師は、「システムの導入に手間や費用がかかるのに加え、医療に対する姿勢が真摯な医師ほど慎重になる。訪問診療と同様にすべてのクリニックがやらなければいけないわけではない」としたうえで、「オンライン診療はとくに慢性疾患を持つ働き盛りの世代にとって、医療とつながる有効な手段になる。医師への研修を強化しつつ広げるべきだ」と指摘する。

オンライン診療を商機とみる企業と医療現場の間にはまだ隔たりがある。どう歩み寄れるかがカギとなりそうだ。

（中川雅博）

ここまで進んだAI活用

医療現場でのＡＩ（人工知能）活用が進んでいる。とくに内視鏡やＣＴ（コンピューター断層撮影）、ＭＲＩ（磁気共鳴断層撮影）といった画像診断の分野では膨大な画像情報の蓄積によってＡＩの精度が高まっている。

２０２０年１１月、内視鏡で世界シェア7割を持つオリンパスは、大腸用に自社開発した内視鏡画像診断を支援するＡＩシステムを発売した。検査中に、大腸内にあるポリープやがんなどの病変候補をＡＩが自動で検出する。リアルタイムに色枠で強調表示できるシステムだ。

同社はこれまでも、大腸用のＡＩ内視鏡を手がけてきた。１９年には、ＩＴ企業のサイバネットシステムなどが開発し、国内初の〝ＡＩ医療機器〟として承認されたシステムを発売。ただ今回は、ＡＩの自社開発にまで踏み込んだ。

大腸がんは、がんの中で国内では最も罹患者数が多く、死亡率も高い。「世界的にも患者・死亡者数が増えているが、内視鏡医の育成や確保は各国で追いついていない」（オリンパスの先進画像処理技術ディレクター・神田大和氏）。ＡＩ内視鏡では、病変候補の発見や、その病変の良性・悪性の判断をサポートしてくれるものがある。経験が浅い内視鏡医でも、ＡＩのサポートがあれば一定以上のレベルの診断が行える。

同社のＡＩ内視鏡は、大病院と小さいクリニックではこれまで同程度の割合で導入されているという。大病院では、どの医師でも診断の質をある程度一定に保てるうえ、経験の浅い医師の教育にも活用できる。一方で、基本的に医師１人で診察するクリニックでは、１日に何件もの内視鏡検査を行う中での負担軽減につながる。

ＡＩ内視鏡には、オリンパス、キヤノンメディカルシステムズや富士フイルムといった医療機器を手がけている企業はもちろんのこと、富士通やＮＥＣといったシステム企業も参入。競争は激しくなっている。

オリンパスに次いで内視鏡シェア２位の富士フイルムは、ＡＩを搭載した医療機器を内視鏡以外にも広げてきた。19年には、CTで撮影された臓器を自動で判別する読影システムを発売。さらに、超音波やX線検査の機器もラインナップする。

CT画像の解析では20年5月に、肺の画像から肺がんの前兆である肺結節を検出するAIで国内初の承認を取得した。また、新型コロナウイルスによる肺炎が疑われる部分を自動で検出するAIシステムも申請中だ。

同社は画像診断だけではなく、現場医師の仕事の流れ全体にわたる効率化に力を入れている。例えば、画像診断で病変を見つけると、医師は治療のために病変の部位や治療方針などを記した所見文を作成する。富士フイルムが開発した読影システムでは、その所見文も半自動で生成することができる。

同社メディカルシステム開発センター長の鍋田敏之氏は「医療機器の成熟化で単純な性能競争は終わりつつある。差別化のためにもAIの活用は重要だ」と話す。

創薬支援AIも導入

画像診断を行う医療機器だけではなく、新薬を生み出す創薬へのＡＩ活用も進んでいる。フロンテオ（FRONTEO）の創薬支援ＡＩはその1つだ。製薬企業では2020年3月に武田薬品工業、6月には中外製薬と、業界最大手クラスの2社が相次いでフロンテオとシステム利用契約を結んだ。

一般に、創薬の成功確率は非常に低い。約3万の候補の中から実際に薬になるのは1つともいわれる。初期段階では研究者がデータベースにある論文を一つひとつ読み込んで内容を確認し、薬のタネになりそうなアイデアを探し出す。膨大な時間と労力がかかる作業だ。

研究者は論文データベースを検索して関連論文を探すが、中には関連性が高いのに検索ワードを含まないため表示されない論文がある。かといって検索範囲を広げれば関連性が低い論文も入ってしまう。そこでフロンテオは、独自の自然言語処理技術によって論文データベースを解析し、特定のテーマに関連する論文を、内容の近さによって位置や色を分けて画面上に表示するシステムを手がける。

また、論文データベースの言語解析を基に、特定の疾患の原因になる分子や遺伝子、タンパク質がそれぞれどう関係しているのかを表示するシステムもある。1つのマーカーが1つの物質を表しており、つながりや全体像を見渡すことができる。

「研究者にはそれぞれ好みがあり、とかく同じ研究に固執してしまいがち。物質の関係の全体像がわかれば、思いも寄らないつながりが見えてくることがある」。こう話すのは同社ライフサイエンスＡＩの豊柴博義ＣＴＯ。自身も武田薬品工業で化合物の研究者を務めた経験を持っている。

ＡＩ創薬では、既存の薬に仕組みが似ているなど、特定の疾患に対して効果がありそうな化合物そのものを提案するタイプのＡＩもある。ただ「研究者時代に、ＡＩが予測した化合物の提案を受けることもあったが、既存の知見と組み合わせることができて初めて開発に進める。ＡＩの提案をそのまま開発まで進められるかどうかは別問題」（豊柴氏）。現状では、あくまで研究者をサポートするＡＩを開発していくという。

（石阪友貴）

「創薬初期のAI活用で開発コストは劇的に低下」

京都大学大学院教授　LINC代表・奥野恭史

医療現場でAI（人工知能）の実装が浸透し始めている。100を超える製薬企業やIT企業が参加し、2016年に創薬AIを開発する産学連携プロジェクト「ライフ インテリジェンス コンソーシアム（LINC）」が発足。代表を務める京都大学大学院の奥野恭史教授に、AIの活用が創薬や医療に与えるインパクトについて聞いた。

――AIと医療の相性をどうみていますか？

コロナ禍による医療現場の逼迫は、日本の医療の将来の姿を見ているようだった。対応できる医療従事者と患者のバランスが崩れ、医療体制が逼迫した。これは、高齢化によって患者が増えて医療従事者の負担が増す未来の日本の医療の状態を表していたといえる。

高齢化と医療従事者の逼迫は徐々に進むので、適応するために医療の質が段々と切り下げられていき、気がついたらそうとう質が落ちていた、ということになりかねない。少人数でいかに質の高い医療ができるか、という点でＡＩの活用で補える余地は大きい。

ＡＩによる診断が普及すれば、診断の確度が上がって不必要な治療が減り医療費の増大を抑えられる。医師の負担も減るだろう。

――ＬＩＮＣでは創薬ＡＩの開発に力を入れてきました。状況は？

一般的に、医薬品の開発には１０年以上の歳月と１０００億円以上の費用がかかるといわれている。最も時間も費用もかかる臨床試験の効率化にＡＩを活用するのが理想だが、簡単ではない。一部の試験のデータしか公表されていないなど、製薬会社の臨床試験のデータのうち外部にオープンになっているものが限られているからだ。

一方で、分子や細胞を使った、臨床試験に入る以前のさまざまな実験データは世界中のものが公開されている。こういったデータで構築したＡＩの活用は、とくに創薬の初期段階に有効だ。

臨床試験前の研究段階までであっても、業界全体で実装・運用していければ将来的に開発期間は少なくとも４年短縮、費用も半分程度は余裕で下げられるとみている。薬の開発コストが下がれば、これまではメーカーが儲からないから開発されてこなかった、患者数の少ない難病の薬の開発にもつながるかもしれない。一方で、問題点もはっきり見えてきた。

――問題点とは？

生命科学を扱う医療分野に特有の問題だ。例えば将棋や囲碁のＡＩであれば、コンピューター同士でさまざまな局面を試していくことができ、その過程に人間の恣意性が入り込む余地はない。だが生命科学の分野では研究データを網羅的に取れるわけではなく、データそのものにバイアスがかかっている可能性がある。

どの製薬会社にも得意な疾患があり、持っているデータはその領域に偏っているかもしれない。つまりＡＩを実装した後に、いかに現場でカスタマイズして使えるか。これは各企業にそれだけの人材がいるかの問題でもある。

さらに、創薬の初期段階でＡＩがどんな薬の提案をしてきたとしても、結局は実験を繰り返して安全性と有効性を確認する必要がある。これまでもそうだったわけだが、会社として「この候補には効果がある」と思い込まないと開発は先に進まない。その結果は1年や2年で出るわけではない。開発の意思決定において、ＡＩの予測をどう取り入れるのかを真剣に考えることも必要だ。

（聞き手・石阪友貴）

奥野恭史（おくの・やすし）

１９９３年に京都大学薬学部卒業。２０００年薬学博士。１６年から京大大学院医学研究科（ビッグデータ医科学分野）教授、ＬＩＮＣ代表。

禁煙に加え糖尿病・うつ病も

治療用アプリがやってくる

医療機関に行き、「治療でアプリを処方される」という時代がやってきた。ニコチン依存症の治療（禁煙）用アプリがついに、医療機器として2020年12月に保険適用になった。開発したのはキュア・アップ（CureApp）。スマホアプリが医療機器として認められるのは国内では初めてのことだ。

キュア・アップだけでなく、病気治療のためのスマホアプリ開発に乗り出す企業が増えている。ベンチャー企業に加えて製薬会社など大手企業も参入。開発競争が始まっている。

■ ベンチャーと製薬大手が混戦 ―治療用アプリの開発状況一覧―

社名	対象	開発状況	提携・導入
CureApp（キュア・アップ）	ニコチン依存症（禁煙）	2020年12月に保険適用	慶応大学
	非アルコール性脂肪肝炎	18年4月から治験進行中	東京大学
	高血圧	21年3月に治験第3相で有効性確認、年内承認申請へ	自治医科大学
	減酒支援	20年6月から共同研究開始	久里浜医療センター
	乳がん患者支援	22年3月までに治験入り予定	第一三共
塩野義製薬	ADHD（発達障害の一種）	小児対象の治験第2相が進行中	米アキリ・インタラクティブ（Akili Interactive Labs）
サスメド	不眠症	治験第3相が進行中	―
Save Medical	2型糖尿病	20年8月から治験進行中	大日本住友製薬
アステラス製薬	2型糖尿病	22年3月までに治験入り予定	米ウェルドック（Welldoc）
テルモ	2型糖尿病	開発中	MICIN（マイシン）
田辺三菱製薬	うつ病	治験準備中	京都大学など

（出所）各社発表資料

そもそもアプリが医療機器として開発され始めるきっかけになったのは、2014年の薬機法（医薬品医療機器等法）の改正だ。この改正によって、ハードウェアに組み込まれていなくても、ソフトウェア単体で医療機器として認められることになった。当初想定されていたのはCTやMRIなどの画像診断に使う単体のソフトだったが、結果的に治療用スマホアプリを開発できる道が開けた。

アステラス製薬も、治療用アプリ開発に参入した1社だ。同社が開発を進めているのは、「ブルースター」と呼ばれる糖尿病患者向けのアプリ。このアプリは、米ウェルドック社が米国向けに開発したもの。アステラスは19年に日本やアジアでの開発・販売権を取得した。

このアプリでは、患者は血糖値や食事、服薬の状況を記録していく。すると過去の血糖値の推移などから、それぞれの患者に個別化されたアドバイスやメッセージが表示される。こうしたデータは医師にも共有される。患者は生活習慣を改善するモチベーションを保て、医師にとっては治療の状況を把握できる仕組みだ。

米国では10年にすでに規制当局のFDA（米食品医薬品局）に医療機器として承

認されている。「承認以降、50以上の論文が発表されてきた。このアプリによる治療で糖尿病が改善されるエビデンスはそろってきている」と、アステラス製薬・Rx+事業創成部の神田直幸氏は話す。

アステラスは22年3月までの開始を目指して国内での臨床試験を準備中だ。アプリが発するメッセージの翻訳や、日本の糖尿病治療ガイドラインに沿った内容への改変作業を進めているという。

ゲームをするだけで治療

糖尿病治療のように生活習慣の改善をサポートする治療用アプリがある一方で、使用が直接治療につながるアプリの開発も進んでいる。塩野義製薬が開発しているのは、19年に米アキリ社から日本での開発・販売権を取得した小児向けのADHD（注意欠陥・多動症）治療用ゲームアプリだ。

国内ではすでに臨床試験のフェーズ2が進行中。20年6月には、開発元のアキリ社が「エンデバーRx」という製品名でFDAの承認を取得した。FDAに認可されているゲームベースの治療アプリは現在これだけだ。

エンデバーRxは、一見するとよくあるレースゲームのアプリだ。プレーヤー（患者）は、スマホやタブレットを傾けて操作し、指定のポイントを通過しながら進んでいく。進行中に、タッチすべきキャラクターとタッチしてはいけないキャラクターがランダムに画面上に現れるので、それを判断しながらゲームを進める。

2つのタスクを同時に行うことによって、脳の前頭前野が活性化する。小児を対象にした米国での大規模な臨床試験によって、1日20～30分プレーすることで注意機能が改善されることがわかっている。塩野義は、このアプリの24年度の承認・発売を見込んでいる。

ADHDに限らず、精神疾患と治療用アプリとの相性はよいと考えられている。京都大学大学院の古川壽亮教授と、国立精神・神経医療研究センターの堀越勝・元認知行動療法センター長は共同でうつ病治療用の「こころアプリ」を開発した。このアプリは田辺三菱製薬が権利を取得し、開発を準備中だ。

こころアプリのベースになっているのは「認知行動療法」という治療法だ。認知行動療法センターによれば、「患者の頭に浮かぶ考えと現実との違いを検証することで思考のバランスを取る」治療法で、うつ病治療では投薬と同程度の効果を示すことがわかっている。

だが、「うつ病は症状が重いと通院が難しいことも多い。認知行動療法はスキルの高い医師の対面治療が長期間必要なため、代替アプリがあれば格段に治療がしやすくなる」と堀越氏は話す。

現在、インターネットで受けられる無料の認知行動療法サービスは無数にあるが、有効性を証明できているものはない。こころアプリは25年以降に医療機器としての承認取得を目指しており、医療現場に普及させたい考えだ。

価格が不透明

開発企業が一様に気をもむのは、「保険適用になる価格がいくらになるのか」ということだ。

医薬品が保険適用になる際には、開発原価や類似薬の価格を参考に、国が価格を決めている。だが、現行の制度ではアプリそのものの価格を算定する基準はない。

キュア・アップのアプリは、患者・医師が使うアプリのほかに、呼気の一酸化炭素濃度を測るCOチェッカーがセットで承認された。処方する医師には、技術料として2万5400円が支払われる。ただアプリとCOチェッカーの内訳は開示されていないため、アプリ単体の価格はわからない。

これからアプリのみの開発を進めるメーカーにとって、キュア・アップの価格設定を当てにできるわけではない。「承認することと高い価格がつくこととは別問題だと、厚生労働省にはクギを刺されている」（アステラスの神田氏）。

とはいえ、日本で保険適用の治療用アプリが産声を上げたのは画期的な出来事だ。市場は盛り上がっていきそうだ。

（石阪友貴）

米「ダヴィンチ」に挑む

国産初の手術ロボット登場

2021年3月10~13日にパシフィコ横浜で開催された日本内視鏡外科学会総会。オンライン併用開催のため人影もまばらな中、入り口付近の目立つ場所に陣取った大きなロボットのブースには、事前に体験の予約をした医師たちが絶え間なく訪れていた。

このロボットの名前は「ヒノトリ（hinotori）」。漫画家・手塚治虫の代表作『火の鳥』に由来する。川崎重工業と医療検査機器メーカーのシスメックスが折半出資するメディカロイドが開発した手術支援ロボットだ。

4本のロボットアームには鉗子や内視鏡カメラが取り付けられており、患者の体に開けた小さな穴から挿入される。医師は手術台から離れた場所で、内視鏡カメラで撮影された3D映像を見ながら、両手や足でコントローラーを操作して手術を行う。内視鏡手術は開腹手術と比べると傷が小さく、入院期間が短いなどのメリットがある。手術支援ロボットは内視鏡手術の一部に用いるが、可動域の広い手首機能と立体的な画像によって、細かく正確な動作が可能だ。

手術支援ロボットはすでに臨床現場で広く使われている。1999年に米インテュイティブサージカルが「ダヴィンチ」を発売。現在の最上位機種は第4世代だ。ダヴィンチの導入台数は世界で約6000台、そのうち国内では約400台が導入されている。前立腺がんでは一般的な手術方法だ。

そんな中、ダヴィンチの基本特許の多くが2019年に期限切れを迎えたことで開発ラッシュが起きている。世界では40社前後が参入しているとみられ、米ジョンソン・エンド・ジョンソンやアイルランドのメドトロニックも取り組む。

国内ではベンチャー企業も参入している。東京工業大学発ベンチャーのリバーフィールドは、鉗子の先に加わった力を医師の手に正確に伝える機能を搭載した手術支援ロボットを開発中だ。

洗浄が難しい力センサーではなく独自の空気圧駆動システムを使い、空気圧から力覚（触ったときの抵抗感）を推定し医師の手に伝達する。画面からの視覚情報だけでなく、臓器を触った感覚もダイレクトに伝わってくるので、手術部位をつまんだり、剥がしたりする動作が正確になる。また、装置全体がコンパクトでコスト競争力にも優れているという。同社は早期の実用化を目指している。

メディカロイドのhinotori

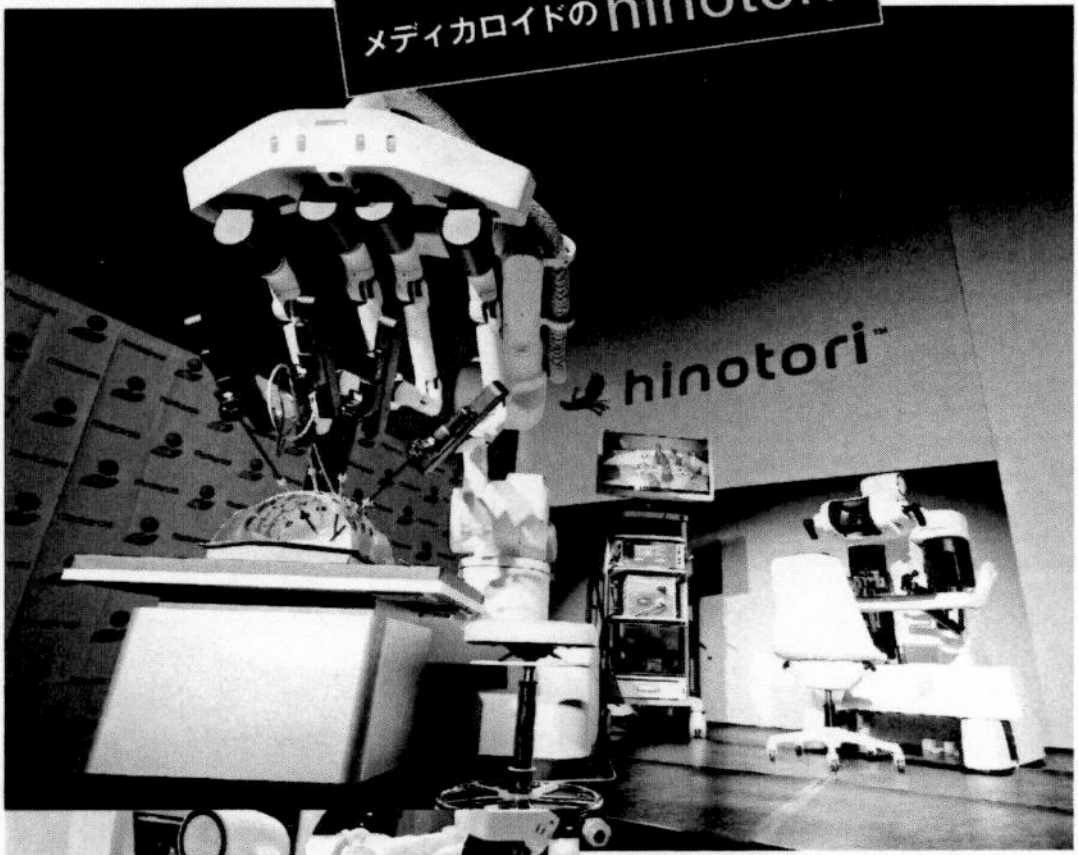

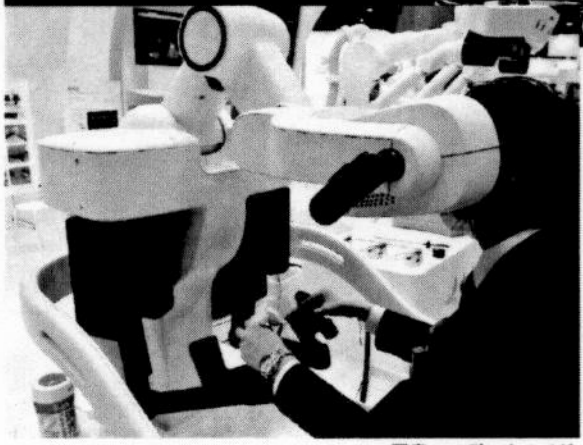

ヒノトリは、4本のアームを備える手術台と、執刀医がそれらを操作する操作台、内視鏡映像のモニターの3つで構成される

写真：メディカロイド

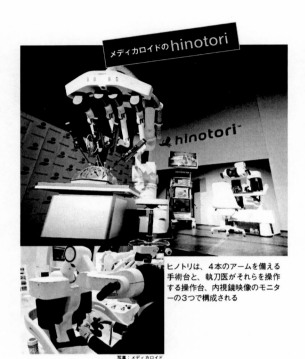

産業ロボット技術を応用

国内でダヴィンチの背中を追うのが先に紹介したヒノトリだ。

2020年8月に国産の手術支援ロボットシステムで初めて製造販売承認を取得。同年9月には保険適用を受け、21年度から提供を本格的に開始する。

ロボット本体は、長く産業用ロボットを生産している川崎重工業が中心となって開発した。人の腕と同じくらいの太さのアームには8つの関節を持たせることで動作自由度を高くし、伸ばしたり曲げたりする動作など、人に近いコンパクトな動きを可能にした。アーム同士や手術助手とアームとの干渉を避けられ、スムーズな作業につながる。米国と比べて狭い日本の医療機関の手術室にも導入しやすくなった。

メディカロイドの田中博文副社長は、「感覚的なニーズを定量的な数値に変換するのには時間がかかったが、医師の先生方の要望にできるだけ応えた。それが差別化要素にもなる」と話す。開発を始めた15年以降、1年ごとに試作機をつくり、改良を重ねてきた。

2030年度には売上高1000億円を目指す。導入台数が増えていけば、10回の使用で交換が必要になる鉗子など消耗品の需要も増える。田中副社長は、「将来的には売り上げの半分程度を消耗品が占めるようになる」と見込む。そうなれば、安定的な収益も期待できる。

ただし、手術支援ロボットの市場そのものを創出し、膨大なノウハウを蓄積してきたダヴィンチの牙城を崩すのは簡単ではない。

ヒノトリは操作性に加え価格での有利さをアピールする。ダヴィンチはロボット、操作台、モニターの基本的なセットでメーカー希望小売価格が1億7000万~2億7000万円に上る。メディカロイドの浅野薫社長は、20年11月の製品発表会で「買い取り価格は低めに設定するが、それだけでなくリースなどのプランを用意し、トータルの価格で導入しやすいようにしたい」と話した。

保険適用の拡大も急務だ。ダヴィンチは前立腺や膀胱などの泌尿器、胃や食道などの消化器、子宮や膣といった婦人科領域など、国内では21の術式について保険適用になっている。一方、ヒノトリは泌尿器のみ。21年度には消化器や婦人科領域での保険適用を目指している。その後はさらに呼吸器や心臓などへの拡大を目指す。それぞれの術式に応じた鉗子類の開発を急ぐ。

（田中理瑛）

神戸でイノベーションを巻き起こせ

手術支援ロボットを開発・製造するメディカロイドの本社があるのが、神戸市の人工島、ポートアイランドだ。医療関係の企業や公的研究所など370社・団体が進出する。神戸市は阪神・淡路大震災（1995年）からの復興策の1つとして98年に「医療産業都市構想」を策定し、医療関係の研究機関や企業を誘致してきた。関連する雇用は1万1000人で、国内最大級の医療クラスター（集積地）に成長した。

2000年に理化学研究所の「発生・再生科学総合研究センター（現・生命機能科学研究センター）」が開設され、先端医療の拠点として弾みがついた。もともとポートアイランドに立地していた市立の中央市民病院も、11年の移転・建て替えを機に先端研究を意識した陣容になった。17年に開設された「神戸アイセンター」は、i

PS細胞を使った再生医療を含め、眼科の総合的な研究・治療拠点になることが目標だ。

米国には、有力な病院を中心に医療機器メーカーが集結する都市が複数あり、大きな経済効果を生んでいる。関連産業が集まることで研究者の交流が生じ、イノベーションが生まれやすくなる。神戸市の医療産業都市構想では企業進出に一定の成果はあったが、今後はより具体的な成果が求められる。

【週刊東洋経済】

本書は、東洋経済新報社『週刊東洋経済』2021年4月17日号より抜粋、加筆修正のうえ制作しています。この記事が完全収録された底本をはじめ、雑誌バックナンバーは小社ホームページからもお求めいただけます。

小社では、『週刊東洋経済eビジネス新書』シリーズをはじめ、このほかにも多数の電子書籍ラインナップをそろえております。ぜひストアにて「東洋経済」で検索してみてください。

『週刊東洋経済eビジネス新書』シリーズ

No.351 電機の試練
No.352 コロナ時代の不動産
No.353 変わり始めた銀行
No.354 脱炭素 待ったなし
No.355 独習 教養をみがく

No.356　鉄道・航空の惨状
No.357　がん治療の正解
No.358　事業承継　M&A
No.359　テスラの実力
No.360　定年消滅
No.361　激動の半導体
No.362　不動産　勝者と敗者
No.363　弁護士業界　最前線
No.364　YouTubeの極意
No.365　デジタル大国　中国
No.366　地銀　大再編
No.367　おうちで稼ぐ!
No.368　老後マネーの育て方
No.369　製薬　大リストラ

No.370　リスクシナリオ　2021
No.371　富裕層マル秘マネー学
No.372　コロナ時代の新住宅事情
No.373　日立・三菱重工の岐路
No.374　脱炭素サバイバル
No.375　郵政崩壊
No.376　脱・ストレスの処方箋
No.377　働き方と経営の法律
No.378　コロナ倒産危機
No.379　車載半導体　争奪戦
No.380　マルクス　vs.　ケインズ

週刊東洋経済eビジネス新書　No.381
医療テック最前線

【本誌（底本）】
編集局　石阪友貴、中川雅博、長谷川　隆、大西富士男、小長洋子
デザイン　杉山未記、熊谷直美、伊藤佳奈
進行管理　下村　恵
発行日　2021年4月17日

【電子版】
編集制作　塚田由紀夫、長谷川　隆
デザイン　大村善久
制作協力　丸井工文社
発行日　2021年12月30日　Ver.1

発行所　〒103-8345
東京都中央区日本橋本石町1-2-1
東洋経済新報社
電話　東洋経済コールセンター
03(6386)1040
https://toyokeizai.net/
発行人　駒橋憲一

電子書籍化に際しては、仕様上の都合などにより適宜編集を加えています。登場人物に関する情報、価格、為替レートなどは、特に記載のない限り底本編集当時のものです。一部の漢字を簡易慣用字体やかなで表記している場合があります。本書は縦書きでレイアウトしています。ご覧になる機種により表示に差が生じることがあります。

本書に掲載している記事、写真、図表、データ等は、著作権法や不正競争防止法をはじめとする各種法律で保護されています。当社の許諾を得ることなく、本誌の全部または一部を、複製、翻案、公衆送信する等の利用はできません。

もしこれらに違反した場合、たとえそれが軽微な利用であったとしても、当社の利益を不当に害する行為として損害賠償その他の法的措置を講ずることがありますのでご注意ください。本誌の利用をご希望の場合は、事前に当社（TEL：03-6386-1040もしくは当社ホームページの「転載申請入力フォーム」）までお問い合わせください。

※本刊行物は、電子書籍版に基づいてプリントオンデマンド版として作成されたものです。